THE 38 LETTERS FROM J.D. ROCKEFELLER TO HIS SON

PERSPECTIVES, IDEOLOGY, AND WISDOM

洛克菲勒寫給兒子的38封信

U0094854

世上第一位億萬富翁，與他富過七代的財富奧祕。

世上第一位億萬富翁、標準石油（Standard Oil）創辦人

約翰・D・洛克菲勒 John D. Rockefeller / 著　知書 / 譯

我從小被教導既要娛樂也要工作，
我的人生是一段悠長、愉快的假期；
全力工作，盡情玩樂，
我在旅途上放下了一切憂愁，
而上帝每天都善待我。

——約翰·D·洛克菲勒（John D. Rockefeller）

目次

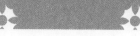

前言

洛克菲勒，全世界最富有的商業巨人

約翰．D．洛克菲勒（一八三九～一九三七）是誰？

他是地球上第一個億萬富翁，歷史上最富有的美國人；他是世界上最早的石油鉅子，美國實業家、超級資本家，標準石油（Standard Oil）創辦人；他曾透過氣勢如虹的兼併和擴張壟斷了美國的石油工業，被世人稱為「石油大王」；他是前無古人、後無來者的商業巨人。**比爾．蓋茲（Bill Gates）把洛克菲勒視為自己唯一的崇拜對象：「我心目中的賺錢英雄只有一個名字，那就是洛克菲勒。」**

回顧洛克菲勒九十八年的人生崢嶸歲月，我們更是會被他那異常冷靜、精明、富有遠見卓識的頭腦，以及在商場上那獨有的魄力和手段所折服。

一八三九年，約翰．D．洛克菲勒出生於紐約州的一個小鎮。

十六歲時，洛克菲勒在美國俄亥俄州一家乾貨店擔任職員，每星期賺五美元。十九歲，他下海經商，轉售穀物和肉類。從這時起，洛克菲勒將每一筆收支記錄在冊，甚至不漏掉一美分的慈善捐款。

經過三年積累，二十二歲的洛克菲勒進入石油業，並於一八七〇年創建標準石油公司。一八八二年，洛克菲勒開創了史無前例的聯合事業——托拉斯。這個極易聚集財富的結構，使標準石油公司兩年後成為全世界最大的石油集團企業，洛克菲勒也因此成為蜚聲中外的「石油大王」。

就這樣，與很多美國早期的富豪多半靠機遇成功不同，洛克菲勒白手起家，一步一步建立起了他那龐大的石油帝國。一八九七年，從標準石油公司退休後，洛克菲勒專注於慈善事業。

現今，漫步紐約街頭，隨處都能體會到洛克菲勒家族過往的輝煌：摩根大通銀行、洛克菲勒中心、洛克菲勒基金會、現代藝術博物館（MoMA）、在生命科學領域位居世界前列的洛克菲勒大學（The Rockefeller University）……甚至青黴素能普及為一種通用藥品，也與洛克菲勒及其家族大有淵源。

《富比士》（*Forbes*）在二〇〇七年曾做出這樣的評估——如果洛克菲勒還在世，

他的身價折合成今天的美元約有三千零五十三億，是比爾．蓋茲身價的數倍。

洛克菲勒家族之所以為世人所矚目，還有一個非常重要的原因，那就是這個家族對「賺錢能力」的世代傳承。與「富不過三代」的鐵律不同，洛克菲勒家族從發跡至今已經綿延七代，仍未出現頹廢和沒落的跡象。

一九三七年五月二十三日，九十八歲的約翰．D．洛克菲勒去世，他的子孫繼承了他的事業。洛克菲勒家族成為美國十大超級富豪之一，也是當今美國知名度最高的家族之一。

他的孫子納爾遜．洛克菲勒（Nelson Rockefeller）曾任美國副總統，而他的另一個孫子大衛．洛克菲勒（David Rockefeller）則是赫赫有名的大銀行家。洛克菲勒家族如今的財富到底有多少，連他們自己也說不清。

洛克菲勒家族的子孫之所以能獲得非凡的成就，和他們自小受到的家庭教育有很大關係。為了避免孩子被家族的光環寵壞，不管是老約翰．洛克菲勒還是其兒子小約翰．洛克菲勒（John Davison Rockefeller, Jr.），在教子方面相當花心思，並有著一套祖傳教育計畫。老約翰．洛克菲勒每星期只給孩子五美元零用錢，並且要求孩子記帳。小約翰．

洛克菲勒則鼓勵孩子們做家務掙錢：若抓到走廊上的蒼蠅，每一百隻獎勵一角錢；捉住閣樓上的老鼠每隻五分錢，揹柴火、劈柴火也有零用錢。勞倫斯（Laurance）和哥哥納爾遜分別在七歲和九歲時，取得了幫全家擦皮鞋的特許權，每雙皮鞋兩分錢，長筒靴每雙一角。而且小約翰・洛克菲勒一直像父親那樣，定期翻閱孩子的帳本，檢查他們的支出。

老約翰・洛克菲勒曾說，賺錢的能力是上帝賜給洛克菲勒家族的一份禮物。而本書彙集了洛克菲勒給其孩子們的幾十封信，讀者也許能夠從中窺見洛克菲勒家族長久不衰、坐擁億萬財富的終極祕密！

第一封

懂得裝傻，才是聰明人

沒有不幸體驗的人，反而不幸。

人要有遠見，只有長時間的吃苦，才有長時間的收穫。

1890 年 10 月 9 日

親愛的約翰：

明天，我要回老家克里夫蘭（Cleveland）處理一些家族裡的事情。我希望在此期間，你能代我打理一些事務。但我提醒你，如果遇到某些棘手或自己拿不定主意的事情，你要多向蓋茲先生（Mr. Gates）請教和諮詢。

蓋茲先生是我最得力的助手，他忠實真誠、直言不諱、盡職盡責，而且精明幹練，總能幫我做出明智的抉擇。我非常信任他，我相信他一定會對你大有幫助，前提是你要尊重他。

兒子，我知道你是布朗大學（Brown University）的優秀畢業生，你在經濟學與社會學方面的知識可謂出色。但是，你應該清楚，知識原本是空的，除非把知識付諸行動，否則什麼事都不會發生。而且，教科書上的知識，幾乎都是那些皓首窮經的知識匠人在象牙塔裡編撰出來的，難以幫你解決實際問題。

我希望你能去除對知識、學問的依賴心理，這是你走上人生坦途的關鍵。

你需要知道，學問本身並沒有什麼了不起，學問必須加以活用，才能發揮作用。要成為能夠活用學問的人，你必須首先成為具有實行能力的人。

那麼實行能力從哪裡來呢？在我看來，它就潛藏在吃苦之中。我的經驗告訴我，走過艱難之路——布滿艱辛、不幸、失敗和困難的道路，不僅會塑造我們堅強的性格，我們賴以成就大事的實行能力也將應運而生。在苦難中向上攀爬的人，知道如何千方百計地去尋找方法、手段，讓自己得救。處心積慮地去吃苦，是我篤信的成功信條之一。

也許你會譏諷我，認為沒有比想吃苦更傻的了。不！沒有不幸體驗的人，反而更加不幸。很多事情都是來得快去得也快，那些實現了一夜成名、一夜暴富夢想的人們，有誰不是很快就銷聲匿跡了？透過吃苦所換來的，是將你的事業大廈建立在堅實的地面上，而不是流沙裡。人要有遠見，只有長時間的吃苦，才有長時間的收穫。

我相信你已經發現，自你到我身邊工作以來，我並沒有給予你重擔。但這並不代表我懷疑你的能力，我只是希望你善於做小事而已。

做好小事是做成大事的基石，如果你從一開始就高高在上，就無法體會部屬的心情，也就不能真正地活用別人；在這個世界上要活下去、要創造成就，你必須借助於人力，即別人的力量。但你必須從做小事開始，才會了解當部屬的心情，等你有一天走上更高的職位，就知道如何讓他們貢獻出全部的工作熱情。

兒子，世界上只有兩種人頭腦聰明：一種是活用自己的聰明人，例如藝術家、學者、演員；一種是活用別人的聰明人，例如經營者、領導者。後一種人需要一種特殊的能力——抓住人心的能力。但很多領導者都是聰明的傻瓜，他們以為要抓住人心，就得依據由上而下的指揮方式。在我看來，這非但不能得到領導力，反而會降低很多。要知道，每個人對自己受到輕視都非常敏感，被看矮一截就會喪失幹勁。這樣的領導者只會使部屬變得無能。

一頭豬好好被誇獎一番，它就能爬到樹上去。善於驅使別人的經營者、領導者或大有作為的人，一向寬宏大量，他們懂得欣賞、讚美他人的藝術。這意味著他們要有感情的付出。而付出深厚的感情的領導者最終必能贏得勝利，並獲得部屬更多敬重。

沒有知識的人終無大用，但有知識的人很可能淪為知識的奴隸。每個人都需要知道，一切的知識都會轉化為先入為主的觀念，結果形成過於片面的保守心理，認為「我懂」、「我了解」、「社會本來就是這樣」。有了「懂」的感覺，就會缺乏想要知道的興趣，沒有興趣就將喪失前進的動力，等待他的也只剩下百無聊賴了。這就是因為不懂才成功的道理。

但是，受自尊心、榮譽感的支配，很多有知識的人對「不懂」總是難以啟齒，好像向別人請教、表示自己不懂是見不得人的事，甚至把無知當成罪惡。這是自作聰明，這種人永遠都不會理解那句偉大的格言——**每一次承認自己不懂的機會，都會成為我們人生的轉捩點**。

自作聰明的人都是傻瓜，真正聰明的，是懂得裝傻的人。如果一個人聰不聰明將決定你能否撈取好處的話，那我顯然不是個傻瓜。

直到今天，我都清晰記得一次情景，當時我正為如何籌借到一萬五千元而大傷腦筋，走在大街上我都在苦思冥想這個問題。說來有趣，正當我滿腦子想著借錢、借錢的念頭時，有位銀行家攔住了我的去路。他在馬車上低聲問我：「你想不想要五萬塊錢，洛克菲勒先生？」我怎麼這麼幸運？我有點不相信自己的耳朵。但在那一瞬間，我沒有表現出絲毫的急切，我看了看對方的臉，慢條斯理地告訴他：「是這樣的……你能給我二十四小時考慮一下嗎？」結果，我以最有利於我的條件，與他達成了借款合約。

我料想得到，在我離開之後，讓你獨當一面對你而言絕非易事，但這沒有什麼。「讓我等等再說」（let me wait before talking），是我在經商中始終奉行的格言。我做事總有一個習慣，在做決定之前，我總會冷靜地思考、判斷，但我一旦做出決定，就將義無反顧地執行到底。我相信你也做得到。

愛你的父親

第二封

不要廉價出賣自己

我們思想的大小決定成就的大小。態度是我們最好的朋友，也會是我們最大的敵人。
通往成功的道路上鋪滿了黃金，然而這條道路卻只是一條單行道。

1897 年 7 月 19 日

親愛的約翰：

沉浸在眾人熱烈、真摯的愛戴之中，真是美妙極了。今天，芝加哥大學（University of Chicago）的學生讓我體會到了這種美妙的感受。姑且將其視為對我創建這所學府的回報吧，不過，這的確讓我喜出望外。

真心而言，在我決定投資創建這所大學之前，我從未奢望在那裡受到聖人般的禮遇。我的初衷只是想將我們最優秀的文化傳給年輕人，為我們的青年、下一代造就美好未來。現在看來，我的目的達到了，這是我一生中最明智的投資。

芝加哥大學的年輕人非常可愛，他們對未來充滿美好的憧憬，都有要成就一番事業的野心。他們當中幾個一臉稚氣的男生跑來向我說，我是他們的榜樣，真誠地希望我能給他們一些建議。我接受了他們的請求，忠告那些未來的「洛克菲勒」：

成功不是以一個人的身高、體重、學歷或家庭背景來衡量，而是以他思想的「大小」

來決定。我們思想的大小決定成就的大小。其中最重要的就是要看重自己，克服人類最大的弱點——自貶，千萬不要廉價出賣自己。你們比自己想像中還要偉大，所以，要不斷擴展你們的點子，別浪費潛力，絕不要看輕自己。

這時掌聲突然響起，我顯然被它徹底俘虜了，以致得意忘形，管不住我的舌頭，我繼續說：

幾千年來，很多哲學家都忠告我們：要認識自己。但是，大部分的人都把它解釋為僅僅認識自己消極的一面。大部分人的自我評估都包括太多的缺點、錯誤與無能。認識自己的缺失很好，可藉此謀求改進。但是，如果我們僅僅認識自己消極的一面，就會陷入混亂，使自己變得沒有任何價值。

而對那些渴望別人尊重自己的人來說，現實卻很殘酷，因為別人對他的看法，與他對自己的看法相同。我們受到的待遇，取決於「我們看自己的方式」。那些自以為比別人差一截的人，不管他實際能力到底如何，一定會比別人差一截，這是因為想法本身能調節並控制你的行為。

如果一個人自覺比不上別人，他就會表現出真的比不上別人的各種行為；而且這種感覺無法掩飾或隱瞞。那些自認「不太重要」的人，就真的會成為不太重要的人。

在另一方面，那些相信自己具有「承擔重責大任能力」的人，就真的會變成一個「很重要」的人物。所以，如果你們想成為重要人物，就必須首先使自己承認「我確實很重要」，而且要真心這麼認為，別人才會跟著這麼想。

每個人都無法逃脫這個推理原則：**你怎麼想，將會決定你怎麼行動，你怎麼行動，將決定別人對你的看法**。就像你自己的成功計畫一樣，要獲得別人的尊重其實很簡單。為了得到他人的尊重，你必須先覺得自己確實值得受人敬重，而且你們越尊重自己，別人也會越敬重你們。

請想一想：你們會不會敬重那些在破舊街道遊蕩的人？當然不會。為什麼？因為那些無賴根本不看重自己，他們只會讓自卑感腐蝕他們的心靈而自甘墮落。

一個人的自我觀念就是人格的核心，認為自己是怎麼樣的人，你們就真的會成為怎麼樣的人。

每一個人，無論身居何處，無論默默無聞或身世顯赫，無論文明或野蠻，也無論年輕或年老，都有成為重要人物的強烈欲望。請仔細想一想你們身邊的每一個人——鄰居、自己、老師、同學、朋友，有誰不希望自己說話很有分量？無一例外，這種需求是人類最強烈、最迫切的一種目標。

但是，為什麼很多人卻將這個本來可以實現的目標，變成了永遠無法實現的黃粱美夢？在我看來是態度使然。態度是我們每個人思想和精神因素的物化，它決定著我們的選擇和行動。在這個意義上說，態度是我們最好的朋友，也會是我們最大的敵人。

我承認，我們不能左右風的方向，但可以調整風帆——選擇我們的態度。一旦你們選擇看重自己的態度，那些「我很沒用，我是個無名小卒，我算老幾，我一文不值」等貶低自己、消磨意志、腐蝕信心和自暴自棄的懦弱想法就會消失殆盡，取而代之的，是心靈的復活，思維和行為方式的積極改變，信心的增強，以「我可以的！我做得到！」的心態面對一切。

小夥子們！如果你們之中有誰曾自己騙自己，請就此停止，因為那些不覺得自己重要的人，都是自暴自棄的普通人。任何時候都不要自貶，要先選出自己的各種資產——

優點。問你自己：「我有哪些優點？」在分析自己的優點時，不能太客氣。

你們要專注於自己的長處，告訴自己我比我想像的還要好。要有遠見，看到未來的發展性，而不單只看現況，對自己要有遠大的期望。隨時自問這個問題：「重要人物會不會這麼做？」這樣你們就會漸漸變成更成功的大人物。

孩子們，通往成功的道路上鋪滿了黃金，然而這條道路卻只是一條單行道。此時此刻，我們需要一種樂觀的態度。樂觀常被哲學家稱為「希望」。讓我告訴你們，這是對樂觀的曲解！所謂樂觀是一種信念，那就是相信生活終究是樂多苦少，相信即使不如人願的事屢屢發生，好事終將占得上風。

約翰，你知道嗎？在我短短十幾分鐘的即興演講中，我竟獲得了八次掌聲。遺憾的是過多的掌聲干擾了我的思路，我有一個重要的觀點被掌聲趕跑了，那就是要增強思考能力，這會幫助他們提高各種行動的水準，使他們更大有作為。但我還是很高興，我的口舌居然有那麼大的魅力。

愛你的父親

第三封

起點不決定終點

自己的命運由行動決定，而絕非完全取決於出身。

1897 年 7 月 20 日

親愛的約翰：

你希望我能永遠同你一起出航，這聽起來很不錯，但我不是你永遠的船長，上帝為我們創造雙腳，是要我們靠自己的雙腳走路。

也許你尚未做好獨自前行的準備，但你需要知道，我所置身的那個充滿挑戰與神奇的商業世界，是你新生活的出發地，你將從那裡開始參加你不曾享用、而又關乎你未來的人生盛宴。至於你如何使用擺放在生命面前的刀叉，和如何品味命運天使奉上的每一道菜餚，那完全要靠你自己。

當然，我期望你在不遠的將來就能卓爾不群，並勝我一籌。而我決定將你留在我身邊，無非是想把你帶到事業生涯更高的起點，讓你無須艱難攀爬便可享有迅速騰達的機會。這當然沒有什麼值得你慶幸和炫耀的，更無須感激。

美利堅合眾國的建國信念是人人生而平等，但這種平等是權利與法律意義上的平等，與經濟和文化優勢無關。想想看，我們這個世界就如同一座高山，當你的父母生活在山頂上時，註定了你不會生活在山腳下；當父母生活在山腳下時，則註定你不會生活在山頂上。在多數情況下，父母的位置決定了孩子的人生起點。

但這並不意味著，每個人的起點不同，其人生結果也不同。在這個世界上，永遠沒有窮富世襲之說，也永遠沒有成敗世襲之說，真正存在的是「我奮鬥，我成功」的真理。我堅信，自己的命運由我們的行動決定，而絕非完全取決於出身。

就像你所知道的那樣，在我小的時候，家境十分貧寒。記得我剛上中學時，用的書本都是好心的鄰居買給我的，我剛開始工作時，也只是一個週薪只有五塊錢的簿記員，但經由不懈的奮鬥，我卻建立了一個令人豔羨的石油王國。在他人眼裡這似乎是個傳奇，我卻認為這是我持之以恆、積極奮鬥的回報，是命運之神對我艱苦付出的獎賞。

約翰，機會永遠都會不平等，但結果卻可能平等。在歷史上，無論是在政界還是在商界，尤其是在商界，白手起家的事例俯拾皆是，他們都曾因貧窮而少有機會，他們卻都因奮鬥而功成名就。然而，歷史上也充斥著富家子弟擁有所有優勢，最後卻走向失敗的事例。麻州的一項統計數字說，十七個有錢人的孩子裡面，竟然沒有一個在離開這個世界時還是富翁。

而在很久以前，社會上便流傳著一個諷刺富家子弟無能的故事，說在費城的一個小酒吧裡，一位客人談起某位百萬富翁，說：「他是白手起家的百萬富翁。」

「是啊，」旁邊一位比較精明的男士回答道：「他繼承了兩千萬，然後他把這筆錢變成了一百萬。」

這是一則令人痛心的故事。但在今天這樣的社會，富家子弟正處在一種不進則退的窘境之中，他們之中很多人註定要受人同情和憐憫，甚至要下地獄。

家族的榮耀與成功的歷史，不能保證其子孫後代的未來將會美好。我承認早期的優勢的確大有幫助，但它不能保證最後會贏得勝利。我曾不止一次思考這個對富家子弟而言帶有悲哀性的問題。我似乎覺得，富家子弟雖然擁有了優勢，卻很少有機會去學習和發展生存所需要的技巧。而出身低賤的人因迫切需要解救自身，便會積極發揮創意和能力，且珍視和搶占各種機會。我還觀察到，富家子弟缺乏貧賤之人那種要拯救自己的野心，也只得祈禱上帝賜予他成就了。

所以，在你和你姊姊們很小的時候，我就有意識地不讓你們知道你們父親是個富人。我向你們灌輸最多的是諸如節儉、個人奮鬥等價值觀，因為我知道為人帶來傷害最快捷的途徑就是給錢，它可以讓人腐化墮落、飛揚跋扈、不可一世，失去最美好的快樂。我不能用財富埋葬我心愛的孩子，愚蠢地讓你們成為不思進取、只知道依賴父母的無能者。

能夠享受自己創造的事物的人，才能獲得真正的快樂。那些像海綿一樣，只取不予的人，只會失去快樂。

我相信沒有人不渴望過上快樂、高貴的生活，但真正懂得快樂生活從何而來的人卻不多。在我看來，這種生活不是來自高貴的血統，也不是來自高貴的生活方式，而是來自高貴的品格——自立精神，看看那些贏得世人尊重、處處施展魅力的雅士，我們就知道自立的可貴。

約翰，我掛念著你的一舉一動。但與這種掛念相比，我更對你充滿信心，相信你優異的品格——比世界上任何財富都更有價值的品格，將幫助你鋪設出一條美好的前程，並助你擁有成功又充實的人生。

但你需要強化這樣的信念：**即使起點可能影響結果，仍不會決定結果**。能力、態度、性格、抱負、手段、經驗和運氣等因素，在人生和商業世界裡扮演著極為重要的角色。

你的人生剛剛開始，但一場人生之戰就在你面前。我能深切地感受到你想成為這場戰爭的勝者，但你要知道，每個人都有追求勝利的意志，只有決心做好準備的人才會贏得勝利。

我的兒子，找到自己的路，上帝就會幫你！

愛你的父親

第四封

天堂與地獄比鄰

我們勞苦的最高報酬，不在於我們所獲得的，而在於我們會因此成為什麼。

如果你視工作為樂趣，人生就是天堂；如果你視工作為義務，人生就是地獄。

1897 年 11 月 9 日

親愛的約翰：

有一則很具意義的寓言，讓我感觸良多。那則寓言說：

在古老的歐洲，有一個人在死了之後，發現自己來到一個美妙又能享受一切的地方。他剛踏上那片樂土，就有個看似侍者的人走過來問他：「先生，您有什麼需要嗎？在這裡您可以擁有一切您想要的：所有美味佳餚，所有可能的娛樂以及各式各樣的消遣，其中不乏妙齡美女，都可以讓您盡情享用。」

這個人聽了以後，感到有些驚奇，但非常高興。他暗自竊喜：這正是我在人世間的夢想！一整天他都在品嚐各種佳餚美食，同時盡享美色的滋味。然而，有一天，他卻對這一切感到索然無味了。於是他就對侍者說：「我對這一切感到很厭煩，我需要做一些事情。你可以幫我找一份工作做嗎？」

他沒想到，他所得到的回應卻是搖頭：「很抱歉，先生，這是我們這裡唯一不能為您做的。這裡沒有工作可以給您。」

這個人非常沮喪，憤怒地揮動雙手：「這真是太慘了！那我乾脆就留在地獄好了！」

「您以為，您在什麼地方呢？」那位侍者溫和地說。

約翰，這則富有幽默感的寓言，似乎告訴我：失去工作就等於失去快樂。但是令人遺憾的是，有些人卻要在失業之後才能體會到這一點，這真不幸！

我可以很自豪地說，我從未嚐過失業的滋味，這並非我幸運，而是在於我從不把工作視為毫無樂趣的苦役，能從工作中找到無限的快樂。

我認為，工作是一項特權，它帶來比維持生活更多的事物。工作是所有生意的基礎，所有繁榮的來源，也是天才的塑造者。工作使年輕人奮發有為，比他的父母做得更多，無論他的家庭是多麼有錢。工作以最卑微的儲蓄表示出來，並奠定幸福的基礎。工作能為生命增添風味，人們必須先愛上工作，工作才能給予最大的恩惠、使你獲得最大的結果。

我初進商界時，時常聽說一個人想爬到高峰需要很多犧牲。然而，歲月流逝，我開始了解到很多正爬向高峰的人，並不是在「付出代價」。他們努力工作是因為他們真心喜愛工作。在任何行業中往上爬的人，都是完全投入正在做的事情，且專心致志。只要衷心喜愛從事的工作，自然就能獲得成功。

熱愛工作是一種信念。懷著這個信念，我們能把絕望的大山鑿成一塊希望的磐石。一位偉大的畫家說得好：「痛苦終將過去，但是美麗永存。」

但有些人顯然不夠聰明，他們有野心，卻對工作過分挑剔，一直在尋找「完美的」雇主或工作。事實是，雇主需要準時工作、誠實而努力的雇員，他只將加薪與升遷機會留給那些格外努力、忠心、熱心、花更多時間做事的雇員。因為他在經營的是生意，而不是在做慈善事業，他需要的是那些更有價值的人。

不管一個人的野心有多麼大，他至少要先起步，才能到達高峰。一旦起步，繼續前進就不太困難了。工作越是困難或不愉快，越要立刻去做。如果他等的時間越久，就變得越困難、可怕。這有點像是開槍，你瞄準的時間越長，射中的機會就越渺茫。

我永遠也忘不了我的第一份工作——簿記員的經歷。那時我雖然每天天剛亮就得去上班，而辦公室裡點著的鯨油燈又很昏暗，但那份工作從未讓我感到枯燥乏味，反而很令我著迷和喜悅，連辦公室裡的一切繁文縟節都不能讓我對它失去熱心，而我得到的回報是雇主不斷為我加薪。

收入只是工作的副產品，做好你該做的事，出色地完成你該完成的工作，理想的薪水必然會來。而更為重要的是，我們勞苦的最高報酬，不在於我們所獲得的，而在於我們會因此成為什麼。那些頭腦活躍的人拚命辛苦工作絕不是只為了賺錢，使他們工作的熱情得以持續下去的東西，要比只知斂財的欲望更為高尚——他們是在從事一項迷人的事業。

老實說，我是一個有野心的人，從小就想成為巨富。對我來說，我受雇的休伊特——塔特爾公司（Hewitt & Tuttle）是一個鍛練能力、讓我一試身手的好地方。它代理各種商品銷售，擁有一座鐵礦，還經營著兩項讓它賴以為生的技術，那就是為美國經濟帶來革命性變化的鐵路與電報。它把我帶進了妙趣橫生、廣闊絢爛的商業世界，讓我學會了尊重數字與事實，讓我看到運輸業的威力，更培養我作為商人應具備的能力與素養。這一切都在我以後的經商之路上發揮了極大效能。我可以說，若沒有在休伊特——塔特爾公司的歷練，在事業上我或許要走很多彎路。

現在，每當想起休伊特和塔特爾兩位男士時，我的內心就不禁湧起感恩之情。那段工作生涯是我一生奮鬥的開端，為我打下了奮起的基礎，我永遠對那三年半的經歷感激不盡。

所以，我從未像某些人那樣抱怨雇主，說：「我們只不過是奴隸，我們被雇主吃得死死的，他們卻高高在上，在他們美麗的別墅裡享樂；他們的保險櫃裡裝滿了黃金，他們所擁有的每一塊錢，都是壓榨我們這些誠實工人得來的。」我不知道這些抱怨的人是否想過：是誰給了你就業的機會？是誰給了你建設家庭的可能？是誰讓你得到了發展自己的機會？如果你發現別人在壓榨你，那你為什麼不結束壓榨，一走了之？

工作是一種態度，它決定了我們快樂與否。同樣都是石匠，同樣在雕塑石像，如果你問他們：「你在這做什麼？」其中一個人可能會說：「你也看到了，我正在鑿石頭，鑿完這一塊我就可以回家了。」這種人永遠視工作為懲罰，從他嘴裡最常吐出的一個字就是「累」。

另一個人可能會說：「你看到了，我正在做雕像。這是一份很辛苦的工作，但是酬勞很高。畢竟我有太太和四個孩子，他們需要溫飽。」這種人永遠視工作為負擔，在他嘴裡經常吐出來的一句話就是「養家糊口」。

第三個人可能會放下錘子，驕傲地指著石雕說：「你看，我正在做一件藝術品。」這種人永遠以工作為榮，也以工作為樂，從他嘴裡最常吐出的一句話是「這份工作很有意義」。

天堂和地獄都由你自己建造。如果你賦予工作意義，不論工作大小，你都會感到快樂，自我設定的成績不論高低，都會使這份工作產生樂趣。如果你不喜歡做的話，任何簡單的事都會變得困難、無趣。當你叫喊著這份工作很累人時，即使你不賣力氣，也會感到精疲力竭，反之則大不相同。原理就是這樣。

約翰，如果你視工作為樂趣，人生就是天堂；如果你視工作為義務，人生就是地獄。檢視一下你的工作態度，那會讓我們都感到愉快。

愛你的父親

第五封

如何吃掉一頭大象

將一個好主意付諸實踐，比在家空想出一千個好主意還有價值。

壞習慣能擺布我們，左右成敗，它很容易養成，但卻很難破除。

1897 年 12 月 24 日

親愛的約翰：

聰明人說的話總能讓我記得很牢。有位聰明人說得好：「教育涵蓋了許多方面，但是它本身不教你任何一面。」這位聰明人向我們展示了一條真理：如果你不採取行動，世界上最實用、最美麗、最可行的哲學也行不通。

我一直相信，機會是靠機會得來的。再好的構想都有缺陷，即使是很普通的計畫，如果確實執行並繼續發展，仍比半途而廢的好計畫要好得多，因為前者會貫徹始終，後者卻前功盡棄。所以我說成功沒有祕訣，要在人生中取得正面結果，有過人的聰明智慧、特別的才藝當然好，沒有也無可厚非，只要肯積極行動，你就會越來越接近成功。

遺憾的是，很多人並沒有記取這個最大的教訓，結果使自己淪為平庸之輩。看看那些庸庸碌碌的普通人，你就會發現，他們都在被動地活著，他們說的遠比做的多，甚至只說不做。但他們幾乎個個都是找藉口的行家，他們會找各種藉口來拖延，直到最後他們證明這件事根本不應該做、自己沒有能力去做，或已經來不及為止。

與這類人相比，我似乎聰明、狡猾了許多。蓋茲先生誇我是個做事主動、自動自發的行動者。我很歡迎這樣的吹捧，因為我沒有辜負他。積極行動是我的優點之一，我從不喜歡紙上談兵或流於空談。因為我知道，沒有行動就沒有結果，世界上有哪一樣東西，不是由一個個想法付諸實行所得來的？人只要活著，就必須考慮行動。

很多人都承認，沒有智慧基礎的知識是沒用的。但更令人沮喪的是，即使空有知識和智慧，如果沒有行動，一切仍屬空談。行動與充分準備其實可視為一體兩面。人生必須適可而止。做太多的準備卻遲遲不去行動，最後只會徒然浪費時間。換句話說，事事必須有節制，我們不能落入不斷演練、計畫的圈套，而必須承認現實：不論計畫有多周詳，我們仍不可能準確預測最後的解決方案。

我當然不否認計畫非常重要，計畫是獲得有利結果的第一步，但計畫並非行動，也無法代替行動。就如同打高爾夫球一樣，如果沒有打過第一洞，便無法到達第二洞。**行動解決一切，沒有行動，什麼都不會發生**。我們無論如何也買不到萬無一失的保險，但我們可以做到的是下定決心去實行計畫。

缺乏行動的人都有一個壞習慣：喜歡維持現狀，拒絕改變。我認為這是一種深具欺騙和自我毀滅效果的壞習慣，因為一切都在不斷變化，正如人會生死一樣，沒有不變的事物。但因內心的恐懼——對未知的恐懼，很多人抗拒改變，哪怕現狀多麼令他不滿意，他都不敢向前跨出一步。看看那些本該事業有成卻一事無成的人，不同情他們實在是件很難的事。

是的，每個人在決定一件大事時，心裡都會或多或少有些擔心、恐懼，都會面對到底要不要做的困擾。但「行動派」的人會用決心燃起心靈的火花，想出各種辦法來完成他們的心願，更有勇氣克服種種困難。

很多缺乏行動力的人大都很天真，喜歡坐等事情自然發生。他們天真地以為，別人會關心他們的事。事實上，別人對他人大多不太感興趣，人們只會關心自己的事情。例如一樁生意，我們獲利比重越高，就該越主動採取行動，因為成敗與別人的關係不大，他們不會在乎。這時候，我們最好親自推一把，如果我們怠惰、退縮，坐等別人主動推動事情的話，結果必定會令人失望。

一個人只有依靠自己，才不會讓自己失望，並增加自己控制命運的機會。聰明人只會去促使事情發生。

人生中最令人感到挫折的，莫過於想做的事太多，結果不但沒有足夠的時間去做，反而想到每件事的步驟繁多，而被做不到的情緒所震懾，以致一事無成。我們必須承認，時間有限，沒有人能做完所有事情。聰明人知道，並非所有行動都會產生好結果，只有明智的行動才能帶來有意義的結果。所以聰明人只會選擇做了以後能獲得正面效果、與完成最大目標有關的工作，而且專心致志。所以聰明人總能做出最有價值的貢獻，並得到很多好處。

要吃掉一頭大象，你必須按部就班，一口一口地吃，做事也是一樣，想著要完成所有的事情，只會讓機會溜掉。我的座右銘是——只對緊急事件採取不公平待遇（only take unfair treatment for emergencies）。

很多人都將自己變成被動者，他們想等到所有條件都十全十美，時機對了以後才行動。人生隨處都是機會，但是幾乎沒有十全十美的。那些被動的人之所以平庸一輩子，恰恰是因為他們一定要等到每一件事情都百分之百有利、萬無一失以後才去做。這是傻瓜的做法。我們必須向生命妥協，相信手上正是目前需要的機會，才不會害自己陷入永遠癡癡等待的泥沼之中。

我們追求完美，但是人類的事情沒有一件絕對完美，只有接近完美。想等到所有條件都完美以後才去做，你只能永遠等下去，並將機會拱手讓給他人。那些要等到所有事情都已經準備妥當才出發的人，永遠也離不開家。要想變成「我現在就去做」的那種人，就要停止做白日夢，時時想到現在，從現在就開始做。諸如「明天」、「下禮拜」、「將來」之類的字眼，跟「永遠不可能做到」意義相同。

每個人都有失去自信、懷疑自己能力的時候，在逆境中更是如此。但如果你真正懂得行動的藝術，就可以用堅強的毅力克服它，你會告訴自己，每個人都有失敗、錯得很慘的時候，告訴自己不論事前做了多少準備、思考多久，真正著手時，都難免會犯錯。然而，被動的人並不把失敗視為學習和成長的機會，卻總在恐嚇自己：或許我真的不行了，以致失去積極參與未來的行動力。

很多人都相信心想事成，但我卻將其視為謊言。好主意一毛錢能買一打，最初的想法只是一連串動作的起步，接下來需要第二階段的準備、計畫和第三階段的行動。在我們這個世界上，從來不缺少有想法及主意的人，但懂得成功地將一個好主意付諸實踐的人卻很少，這比在家空想出一千個好主意還有價值。

人們用來判斷能力的真正基礎，不是你腦子裡裝了多少東西，而是你的行動。人們都信任腳踏實地的人，他們都會想：這個人敢說敢做，一定知道怎麼做最好。我還沒聽過有人因為沒有打擾別人、沒有採取行動或要等別人下令才做事而受到讚揚。那些在工商界、政府、軍隊中的領袖，都是很能幹又肯幹、百分之百主動的人。那些站在場外袖手旁觀的人，永遠當不上領導人物。

不論是自動自發者還是被動者，都是習慣使然。習慣有如繩索，我們每天紡織一根繩索，最後它粗大得無法折斷。習慣的繩索不是帶領我們到高峰，就是引領我們到低谷，這主要得看是好習慣或壞習慣。壞習慣能擺布我們，左右成敗，它很容易養成，卻很難破除。相較之下，好習慣很難養成，但很容易維持下去。

想培養現在就做的習慣，最重要的是得有積極主動的精神，戒除精神散漫的習慣，決心做個主動的人，勇於做事，不要等到萬事俱備以後才去做，世上沒有絕對完美的事。培養行動的習慣，不需要特殊的聰明智慧或專門的技巧，只需要努力耕耘，讓好習慣在生活中開花結果即可。

兒子，人生就是一場偉大的戰役。為了勝利，你需要行動、行動，再行動！這樣，你的安全就能得到保障。

祝耶誕節快樂！我想沒有比在此時送給你這封信，更好的聖誕禮物了。

愛你的父親

第六封

幸運之神眷顧勇者

如果你的行為像個贏家，你就更可能去做更多贏家該做的事，從而改變你的「運氣」。
機運就在你的選擇之中，如果你有51%的時間做對了，就會變成英雄。

1898年10月7日

親愛的約翰：

幾天前你姊姊興高采烈地告訴我，她的好運來了，她手上的股票就像百依百順、聽她使喚的奴隸，正在幫她將大把大把的錢賺回家。

我想現在你姊姊可能已經快要樂瘋了，但我不希望她被那些錢弄得得意忘形而亂了方寸。我告訴她，要小心，運氣也可能把你扔到失敗的田野上。

幾乎每一位事業有成的人都在警告世人：你不能靠運氣過活，尤其不能靠運氣來建立事業。有趣的是，大部分的人對運氣深信不疑，我想他們是錯把機會當成運氣了。沒有機會，就沒有運氣。

約翰，想一想你認識的那些幸運兒，你會發現，他們都不是溫良恭儉的人。也幾乎可以確定，他們總是散發出自信的光輝和天下無難事的態度，甚至會顯得非常大膽。這其中潛藏著一個雞生蛋、蛋生雞的問題，幸運兒是因為幸運才表現得自信和大膽，還是他們的「運氣」是自信和大膽的結果呢？我的答案是後者。

幸運之神眷顧勇者，是我一生尊奉的格言。勝利不一定屬於強者，高度警惕、生氣勃勃、勇敢無畏的人也會獲勝。當然，也有人相信謹慎勝過勇敢。但勇敢和大膽比謹慎更引人注目、更受歡迎，且更有吸引力，懦弱根本不能與之相比。

我從未見過有人不欣賞自信果決的人，每個人都支持自信果決的人，期望這樣的人擔任領袖。而我們之所以受他們吸引，就在於他們有著強大的吸引力。所以，勇敢的人常常會比較成功，且較容易擔任領袖、總裁和司令官。那些迅速升職的職員都屬於這樣的人。

我的經驗告訴我，大膽果決的人能完成最好的交易、吸引他人的支持、結成最有力的盟約。而那些膽小、猶豫的人卻難以撈到這樣的好處。不僅如此，大膽的方法對自己也大有裨益。有自信的人期望成功，他們會配合自己的期望，設計出各種能追求勝利的計畫。

當然，這樣做不能保證絕對會成功，卻能自然而然地推出對成功的展望。換句話說，如果你覺得自己是贏家，你的行為就會像個贏家；如果你的行為像個贏家，你就更可能去做更多贏家該做的事，從而改變你的「運氣」。

真正的勇者並非不可一世的狂妄之徒，更不是沒有腦子的莽漢。勇者知道如何運用預測和判斷力，計畫自己的每一步和做每一個決定，這種做法就像軍事策略家所說的，會讓你力量大增，一如擁有一種武器就能立刻形成明顯的優勢，幫你戰勝對手。這讓我想起十幾年前，我大膽決定買下利馬（Lima）油區的故事。

在此之前，石油界沒有一天停止過對原油將會枯竭的恐懼，連我的助手都開始害怕在石油上不能長期獲利，悄悄地賣著公司的股票；而有的人甚至建議，公司應該及早退出石油業，轉行做其他更為穩定的生意，否則我們這艘大船將永遠不能返航。作為領袖，面對悲觀的前景，我該提供的永遠是希望而不是哀嘆，我告訴那些惶恐中的人們：上帝會賜予我們一切。

我再次感受到上帝溫暖的恩賜，是人們在俄亥俄州利馬鎮發現石油的時候。只是利馬的石油散發著用常規方法都不能去掉的臭味，深深打擊了很多人想從那裡大賺一把的信心。但我對這塊油田充滿信心，我可以預見，一旦我們獨占利馬，我們就將具有統治石油市場的強大力量。機會來了，我鄭重地告訴公司的董事們：這是千載難逢之機，是該把錢投到利馬的時候！

非常遺憾的是，我的意見遭到了膽小怕事者的反對。強加於人不符合我的個性，我將希望寄於透過和顏悅色的討論，讓大家最終能統一同意我的意見。

那是一次漫長而沒有結果的等待。我憂心忡忡，我們建起了全球規模的巨型煉油廠，它就像一個飢餓的嬰兒，對母親的乳汁貪得無厭，需要吃掉源源不斷的原油。但賓州的油田正在凋敝，其他幾個小油田業已開始減產，繼續這樣下去，我們就只好依賴俄羅斯的原油。幾乎可以肯定，俄國人一定會利用他們對油田的控制，削弱我們的力量，甚至徹底擊敗我們，把我們趕出歐洲市場。但是，一旦我們擁有了利馬的石油資源，就能繼續占領贏家寶座。不能再等了，是我該行動的時候了！

正像我所預想的那樣，在董事會上保守派依然說「不」。但我以令反對派大吃一驚的方式，降伏了他們，我說：男士們，如果不想讓我們這艘巨輪沉下去，我們必須確保原油供應充足。現在，蘊藏在利馬地下的石油正向我們招手，它將帶來令我們目眩的巨額財富。看在上帝的份上，請不要說那帶有臭味的液體沒有市場，我相信上帝賜予我們的東西都有其價值，我相信科學會掃除我們的疑慮。所以，我決定用我自己的錢進行這項投資，並情願承擔兩年的風險。如果兩年以後成功了，公司可以把錢還給我；如果失敗了，就由我自己承擔一切損失。

我的決心與誠意，打動了我最大的反對者普拉特先生（Mr. Pratt），他眼中閃動著淚光，激動地對我說：「約翰，我的心被你俘虜了，既然你認為應該這樣做，我們就一起幹吧！你能冒這個險，我也能！」無論成敗都同進退的合作精神，是使我們不斷強大的精神支柱。

我們成功了。我們傾盡全力將巨資投到利馬，其回報更是巨大，我們將全美最大的原油生產基地掌握在自己手中。而在利馬的成功又加劇了我們的活力，使我們得以開始石油業前所未有的大收購。結果正如預想，我們成為石油領域最令人畏懼的超級艦隊，取得了不可動搖的統治地位。

約翰，態度有助於創造運氣，而機運就在你的選擇之中。如果你有五一%的時間做對了，那你就會變成英雄。

這是我關於運氣最深的體會。

愛你的父親

第七封

借錢，是為了創造好運

不論是要贏得財富，還是要贏得人生，優秀的人在競技中想的不是我輸了會怎樣，而是為了成為勝利者我應該做什麼。

1899 年 4 月 18 日

親愛的約翰：

我能夠理解，為什麼借用我的錢去股市闖蕩總讓你感覺有些不安。因為你想贏，卻又怕在那個冒險的世界裡輸，而且輸掉的錢不是你的，是借來的，還得支付利息。

這種輸不起的感受，在我創業之初，乃至較有成就之後，似乎一直統治著我。每次借款前，我都會在謹慎與冒險之間徘徊，苦苦掙扎，甚至夜不能眠，躺在床上就開始算計如何償還欠款。

常有人說，冒險的人經常失敗。但白痴又何嘗不是如此？我雖然也會害怕失敗，但我總能打起精神，決定去再次借錢。事實上，為了進步我沒有其他道路可尋，我不得不去銀行貸款。

兒子，呈現在我們眼前的，經常是巧妙化解棘手問題的大好良機。借錢不是件壞事，它不會讓你破產，只要你不把它當成像救生圈，只在危機的時候使用，而把它看成一種有力的工具，你就可以用它來開創機會。否則，你就會掉入害怕失敗的泥潭，讓恐懼束縛住你本可大展宏圖的雙臂，而終無大成。

我所熟知或認識的富翁之中，只靠自己一點一滴、日積月累地掙錢而發達的人少之又少，更多的人是因借錢而發財，這其中的道理並不深奧，畢竟，一塊錢的買賣遠遠比不上一百塊錢的買賣賺得多。

不論是要贏得財富，還是要贏得人生，優秀的人在競技中想的不是我輸了會怎樣，而是為了成為勝利者我應該做什麼。

借錢是為了創造好運。如果抵押一塊土地就能借得足夠的現金，讓我獨占一塊更大的地方，那麼我會毫不遲疑地抓住這個機會。在克里夫蘭時，為了擴張實力、奪得克里夫蘭煉油界第一把交椅的地位，我曾多次欠下巨債，甚至不惜把我的企業抵押給銀行。結果我成功了，創造了令人震驚的成就。

兒子，**人生就是不斷抵押的過程，為前途我們抵押青春，為幸福我們抵押生命。因為如果你不敢逼近底線，你就輸了**。為了成功而抵押、冒險，難道不值得嗎？

談到抵押，我想告訴你，在我從銀行家手裡接過巨款時，我抵押出去的不光是我的企業，還有我的誠信。我視合約、契約為神聖之物，我嚴格遵守合約，從不拖欠債務。

對投資人、銀行家、客戶，包括競爭對手，從不忘以誠相待，與他們討論問題時我都堅持講真話，從不捏造或含糊其詞，我堅信謊言在陽光下就會現出原形。

付出誠實的回報是巨大的，在我還沒有走出克里夫蘭前，那些了解我品行的銀行家們，曾一次次把我從難以擺脫的危機中拯救出來。

我清楚記得，有一天，我的一間煉油廠突然失火，損失慘重。由於保險公司遲遲不能賠付保險金，而我又急需一筆錢重建深陷瓦礫中的企業，我只得向銀行追加貸款。一想起那天銀行貸款的情景就讓我激動不已。本來在那些缺乏遠見的銀行家眼裡，煉油業早已是高風險行業，向這個行業提供資金不亞於賭博。再加上我的煉油廠剛剛才毀於一炬，所以有些銀行董事對我追加貸款猶豫不決，不肯立即放貸。

就在這時，一個善良的人，斯蒂爾曼先生（Mr. Stillman）請職員提來他的保險箱，向其他幾位董事大手一揮，說道：「聽我說，男士們，洛克菲勒先生和他的合夥人都是非常優秀的年輕人。如果他們想借更多的錢，我懇請諸位要毫不猶豫地借給他們。如果你希望有保障，這裡的錢，想拿多少就拿多少。」我用誠信征服了銀行家。

兒子，誠實是一種方法，一種策略。因為我支付誠實，所以贏得了銀行家乃至更多人的信任，也因為它渡過一道道難關，踏上了快速的成功之路。

今天，我無須再求助於任何一家銀行，我就是自己的銀行，但我永遠感激那些曾鼎力幫助過我的銀行家們。你未來可能會管理企業，你需要知道，經營企業的目的是要賺錢。擴大企業能夠賺錢，但是把企業拿出去抵押也是管理、運用金錢的重要方式。如果你只注重一種功能，而忽視另一種，就會招致失敗；在最糟糕的情況下，可能會導致財務崩潰，在較好的情形下，仍會錯失很多機會。管理和運用金錢與決心賺錢不同，需要不同的信念。

要管理和運用金錢，你必須樂於親自動手、親自管理數字，不能只是空談管理和策略。上帝的做工都在細節之中。如果你忽視、偏離了這些細節，把這種「雜事」授權給別人去做，等於忽視了事業經營至少一半的重要責任。細節永遠不該妨礙熱情，想要成功，你要記住兩件事：一個是戰術，另一個是戰略。

兒子，你正朝著贏得一場偉大人生的位置前進，這是你一直以來的目標，你需要勇敢、再勇敢。

愛你的父親

第八封

發明一萬種行不通的方法

一旦避免失敗變成你做事的動機，你就走上了怠惰無力之路。
你每利用一個機會，就是在剝奪別人的機會，藉此保護自己。
只要不變成習慣，失敗是件好事。

1899 年 11 月 19 日

親愛的約翰：

你近來的情緒過於低落，這讓我很是難過。我能真切地感受到，你還在為那筆讓你賠了一百萬的投資感到羞恥與羞愧，以致終日悶悶不樂、憂心忡忡。其實這大可不必，一次失敗並不能說明什麼，更不會在你的腦門上貼上無能者的標籤。

快樂起來，我的兒子。你需要知道，這個世界上沒有人的人生能一帆風順；相反的，我們時時刻刻都要與失敗比鄰而居。也許正因為這個世界上有太多、太多無奈的失敗，追求卓越才變得魅力十足，讓人競相追逐，甚至不惜以生命為代價。即便如此，失敗還是無法避免。

我們的命運也是如此。只是，與某些人不同，我把失敗當作一杯烈酒，嚥下去的是苦澀，吐出來的卻是精神。

在我信誓旦旦跨入商界，跪下來懇求上帝保佑我們新開辦的公司之時，一場災難性的風暴襲擊了我們。當時我們簽訂了一筆合約，要購進一大批豆子，準備大賺一把。但沒有想到一場突然「來訪」的霜凍擊碎了我們的美夢，到手的豆子毀了一半，而且有失德行的供應商還在裡面摻加了沙土和細小的豆葉、豆秸。這註定是一筆要失敗的生意，但我知道，我不能沮喪，更不能沉浸在失敗之中，否則，我就會離我的目標及夢想越來越遠。

天下沒有白吃的午餐，更不可能維持現狀，如果靜止不動，就是退步，但要前進，必須樂於做決定和冒險。那筆生意失敗之後，儘管不情願，我再次向父親借債。而且，為使自己在經營上勝人一籌，我告訴我的合夥人克拉克先生（Mr. Clark），我們必須宣傳自己，透過報紙廣告讓潛在客戶知道，我們能夠提供大筆的預付款，並能提前供應大量的農產品。

結果，膽識和勤奮拯救了我們，那一年我們非但沒有受「豆子事件」影響，反而賺到了一筆可觀的淨利。

人人都厭惡失敗，然而，一旦避免失敗變成你做事的動機，你就走上了怠惰無力之路。這非常可怕，甚至是種災難。因為這預示著你可能喪失原有的機會。

兒子，機會是稀少的東西，人們因機會而發跡、富有。看看那些窮人你就知道，他們不是無能的蠢材，也不是不努力，而是苦於沒有機會。你需要知道，我們生活在弱肉強食的叢林之中，在這裡你不是吃人，就是被別人吃掉，逃避風險幾乎就是保證破產；而你每利用一個機會，就是在剝奪別人的機會，藉此保護自己。

害怕失敗的人不敢冒險，不敢冒險就會錯失眼前的機會。所以，我的兒子，為了避免喪失機會、保住競爭的資格，遭受失敗與挫折是值得的！

失敗是走上更高地位的開始。我可以說，我能有今天的成就，是踩著失敗的螺旋階梯升上來的，是在失敗中崛起的。我是一個聰明的「失敗者」，我知道要向失敗學習，從失敗的經驗中汲取成功的因數，用自己不曾想到的手段去開創新事業。所以我想告訴你，只要不變成習慣，失敗是件好事。

我的座右銘是，人始終要保持活力，永遠堅強、堅毅，不論遭遇怎樣的失敗與挫折，這是我唯一能做的事情。我知道做什麼才會讓我感到快樂，什麼東西值得我為之效命。根本的期望，就像清潔工手中的掃把，將掃盡成功路上的所有垃圾。兒子，你自己根本的期望在哪裡？只要你不丟掉它，成功必將到來。

樂觀的人在苦難中會看到機會，悲觀的人在機會中會看到苦難。兒子，記住我深信不疑的成功公式：

夢想＋失敗＋挑戰＝成功之道

當然，失敗有它的殺傷力，它可以讓人萎靡、頹廢，喪失鬥志和意志力。重要的是你將失敗看作什麼。天才發明家湯瑪斯・愛迪生（Thomas Edison）在用電燈照亮摩根先生（Mr. Morgan）的辦公室前，共做了一萬多次實驗，對他來說，失敗是成功的試驗場。

十年前，《紐約太陽報》（*The New York Sun*）一位年輕記者採訪了他。那位少經世事的年輕人問他：「愛迪生先生，您目前的發明過去曾經失敗過一萬次，您對這有什麼看法？」愛迪生對「失敗」一詞幾乎免疫，他以長者的口吻跟那位記者說：「年輕人，你的人生旅程才剛剛開始，所以我告訴你一個對未來很有幫助的啟示：**我沒有失敗一萬次，我只是發明了一萬種行不通的方法**。」精神的力量永遠如此強大。

兒子，要是宣布精神破產，你就會輸掉一切。你需要知道，人的事業就如同浪潮，如果你踩到浪頭上，功名便會隨之而來；而一旦錯失，則終其一生都將受困於淺灘，陷於悲哀之中。

失敗是一種學習經歷，你可以讓它變成墓碑，也可以讓它成為墊腳石。沒有挑戰就沒有成功，不要因為一次失敗就停下腳步，只要戰勝自己，你就是最大的勝者！

我對你很有信心。

愛你的父親

第九封

今日的朋友，明日的敵人

命運給予我們的不是失望之酒，而是機會之杯。
你需要知道，好馬不會在同一個地方跌倒兩次。

1899 年 11 月 29 日

親愛的約翰：

心情好一點了嗎？如果還沒有，我想，你還需要知道這個。

你需要知道，在這個世界上，絕大多數的人都不免受一種特殊力量的驅使。這種力量可以輕而易舉地剝落緊裹我們人性的外衣，使我們完全裸露在陽光下，公正地將我們分放在純潔與骯髒的圖板上，以致我們所有的辯護都變得蒼白無力，無論我們多麼伶牙俐齒都於事無補。它就是檢驗我們人性的試金石：利益。

換句話說，利益是光照人性的影子，在它面前，一切與道德、倫理有關的本質都將現形，且一覽無遺。也許你認為我話說得太決斷，但我的經歷就是這樣告訴我的。

我可以斷言，在這個世界上，除了神，沒有不追逐利益的人。自你開始與人往來時，一場曠日持久的人生謀利遊戲就開始了。在這場遊戲中，人人都是你的敵人，包括你自己，你需要與自己的弱點對抗，並與所有將快樂建築在你的痛苦之上的惡行為敵。

兒子，請不要誤會我，我無意要將這個世界塗上一層令人壓抑、窒息的灰色；事實上，我渴望友誼、真誠、善良和一切能滋潤我的心靈，我也相信這些美好情感一定存在。然而，很遺憾，在追名逐利的商場中，我難以得到這種滿足，卻經常遭遇出賣和欺騙的打擊。直到今天，我還能清晰記得數次被騙的經歷，那才叫刻骨銘心。

最令我痛心的一次經歷發生在克里夫蘭。當時煉油業因生產過剩幾乎無利可圖，很多煉油商已經跌落破產邊緣。還有，克里夫蘭遠離油田，這就意味著與那些處在油田的煉油廠相比，我們因要付出高昂的長途運輸費用，而使自己處於不平等的地位。我決心改變現況，要大規模收購在死亡邊緣掙扎的煉油廠，聯合眾人之力、統一行動，讓每個人的錢包都鼓起來。

我告訴那些瀕臨倒閉的煉油廠廠主，克里夫蘭處於不利地位，為了共同保護自己，我們必須做些什麼。我認為我的計畫很好，請認真考慮看看。如果你感興趣，我們很樂意與你共同磋商。出於善良的意圖和戰略上的考量，我買下了許多毫無價值的工廠，它們就像陳舊的垃圾，只配扔到廢鐵堆裡。

但有些人竟然如此邪惡、自私且忘恩負義，他們拿到我的錢後便與我為敵，肆無忌憚地撕毀與我達成的協議，捲土重來，用他們從我這裡得到的錢購置設備，重操舊業，並公開敲詐我，要我買下他們的工廠。這些人都曾要求我誠實，讓我出個好價錢收購他們癱瘓的工廠，我做到了，然而結果卻令人痛心。在那一刻我的心情糟透了，我甚至自責自己不該太誠實、不該太善良，否則我也不會落到四面楚歌、一籌莫展的境地。

最令我不可接受的，是在謀利遊戲中，今天的朋友會變成明天的敵人。這種情形很常發生，我的兩位教友就曾多次矇騙我。看在上帝的份上，我不想歷數他們的罪惡。但我可以告訴你，當我知道自己一直被他們欺騙的時候，是多麼地震驚。我不明白與我一同禱告、虔誠地發誓要摒棄驕傲、縱欲和貪婪之心的人，何以如此卑鄙！

歷經種種欺騙與謊言，我無奈地告訴自己：你只能相信自己，只有如此，你才不會被人矇騙。我知道這種略帶敵意的心態不好，但這個世界有太多欺騙，提防是我們不可或缺的生存技能。

兒子，命運給予我們的不是失望之酒，而是機會之杯。振作起來！發生在華爾街的那件事，並沒有什麼了不得，那只是你太相信別人而已。不過，你需要知道，**好馬不會在同一個地方跌倒兩次**。

愛你的父親

第十封

打造人生的第一步，是策劃運氣

每個人都是自己命運的設計師和建築師。我不靠天賜的運氣活著，但可以策劃運氣。

1900 年 1 月 2 日

親愛的約翰：

有些人註定要成為炫目的王者或偉人，因為他們擁有非凡的才能。譬如麥考密克先生（Mr. McCormick），他長著一顆能製造好運的腦袋，知道如何將收割機變成收割鈔票的鐮刀。

在我眼裡，麥考密克永遠是位野心勃勃且具商業才能的企業巨頭。他用收割機解放了美國農民，同時也把自己送入全美最富有者的行列。法國人似乎更喜歡他，盛讚他為「對世界最有貢獻的人」。哦，這真是一個意外的收穫。

這位原本只能做個普通農具商的商界奇才，說過一句深奧的名言：「運氣是策劃的殘餘物質。」（Luck is the remnant of design.）

這句話聽起來的確讓人困惑。它指的是運氣是策劃和策略的結果，還是說運氣是策劃之後剩餘的東西呢？我的經驗告訴我，這兩種意義都存在。換句話說，我們創造自己的運氣，任何行動都不可能抹除運氣的影響，運氣是策劃過程中難以擺脫的福音。

麥考密克洞悉了運氣的真諦，打開了迎接運氣的大門。所以，我對麥考密克的收割機能行銷全球，成為日不落產品，絲毫不感到奇怪。

然而，在我們這個世界上，很難找到像麥考密克那樣善於策劃運氣的人，也很難找到不相信、同時也不誤解運氣的人。

在凡夫俗子眼裡，運氣永遠是與生俱來的，只要發現有人在職務上獲得升遷、在商海中勢如破竹，或在某一領域取得成功，他們就會用隨便、甚至輕蔑的口氣說：「這個人運氣真好，是好運幫了他！」這種人永遠不能窺見這個讓人成功的偉大真理：每個人都是自己命運的設計師和建築師。

我承認，就像人不能沒有金錢一樣，人也不能沒有運氣。但是，要想有所作為就不能坐等運氣光顧。我的信條是：**我不靠天賜的運氣活著，但可以策劃運氣**。我相信好的計畫會左右運氣，甚至在任何情況下，都能成功地影響運氣。我在石油界實施的變競爭為合作計畫，恰恰驗證了這一點。在那項計畫開始前，煉油商們各自為戰，利慾薰心，結果引發了毀滅性的競爭。這種競爭對消費者來說當然是個福音，但油價下跌對煉油商卻是個災難。那時候絕大多數煉油商做的都是虧本生意，正一個個滑入破產的泥潭。

我很清楚，想重新有利可圖地永遠賺下去，就必須馴服這個行業，讓大家理性行事。我把它視為一種責任，然而這很難做到，這需要一個計畫——一個將所有煉油業務置於我麾下的計畫。

約翰，要在獲取利益的獵場上成為好獵手，你需要勤於思考、做事小心，要看到事物中一切可能存在的危險和機遇，同時又要像一個棋手那樣研究所有可能危及你霸主地位的戰略。我徹底研究了形勢，並評估了自己的力量，決定將大本營克里夫蘭作為發動統治石油工業戰爭的第一戰場。等到征服那裡的二十幾家競爭對手之後，再迅速行動，開闢第二戰場，直至將那些對手全部征服，建立石油業的新秩序。

就像戰場上的指揮官一樣，選擇攻擊什麼樣的目標，首先要知道選擇什麼樣的武器才最奏效。想成功實現將石油業統一到我麾下的計畫，需要一個徹底解決問題的手段，那就是錢。我需要大量的錢去買下那些生產過剩的煉油廠。但我手頭上那點資金不足以實現此計畫，所以我決定組建股份公司，把行業外的投資者拉進來。很快我們以百萬資產在俄亥俄州註冊成立標準石油公司，第二年資本大幅擴張至三倍半。但何時動手卻是個問題。

富有遠見的商人總是善於在每次災難中尋找機會，我就是這麼做的。在我們開始征服之旅前，石油業一片混亂，一天比一天沒有希望，克里夫蘭九○%的煉油商已經快被日益劇烈的競爭壓垮，如果不把工廠賣掉，他們就只能眼睜睜地看著自己走向滅亡。這是收購對手的最好時機。

在此時採取收購行動，似乎不太道德，但這的確與良知無關。企業就如戰場，戰略目標的意義就是要造成對己方最有利的狀態。出於戰略上的考慮，我選擇的第一個征服目標，不是不堪一擊的小公司，而是最強勁的對手克拉克—佩恩公司（Clark Payne）。這家公司在克里夫蘭很有名望，且野心勃勃，想要吃掉我的明星煉油廠。

但在對手決定之前，我總要先下手為強。我主動約見克拉克—佩恩公司最大的股東，我中學時代的老朋友奧利佛．佩恩（Oliver Payne）。我告訴他，石油業混亂、低迷的時代該結束了。為保護無數家庭賴以生存的這個行業，我要建立一個龐大、高績效的石油公司，並歡迎他入夥。我的計畫打動了佩恩，最後他們同意以四十萬元的價格出售公司。

我知道克拉克—佩恩根本不值這個價錢，但我沒有拒絕他們，吃掉克拉克—佩恩意味著我將取得世界最大煉油商的地位，將為迅速把克里夫蘭的煉油商捏合在一起這個目標，充當強力先鋒。

這一招果然十分奏效。在此後不到兩個月的時間裡，就有二十二家競爭對手歸於標準石油的麾下，最終讓我成為那場收購戰的大贏家。而這又給了我勢不可當的動力，在此後三年的時間裡，我連續征服了費城、匹茲堡、巴爾的摩的煉油商，成為全美煉油業的唯一主人。

今日想來，我真是幸運，如果當時我只感嘆自己時運不濟，隨波逐流，我或許早已被別人征服。但我策劃出了我的運氣。

世界上什麼事都可能發生，就是不會發生不勞而獲的事，那些隨波逐流、墨守成規的人，我不屑一顧。他們的大腦被錯誤的思想盤踞，以為能全身而退就值得沾沾自喜。約翰，**要想讓我們好運連連，必須要精心策劃運氣，而策劃運氣，需要好的計畫，好的計畫一定是好的設計，好的設計一定能夠發揮作用。**

你需要知道，在構思好的設計時，首先得考慮兩個基本的先決條件，第一是知道自己的目標，譬如你要做什麼，甚至你要成為什麼樣的人；第二是知道自己擁有什麼資源，譬如地位、金錢、人際關係，乃至能力。

這兩個基本條件的順序並非絕對不能改變，你可能先有一個構想、一個目標，才開始尋找適於這些資源的目標。還可以把它們混合起來，形成第三和第四種方法。例如擁有某種目標和某種資源，為實現目標，你必須選擇性地創造一些資源，也可能擁有一些資源和某個目標，再根據這些資源提高或降低目標。

根據資源調整目標或根據目標調整資源之後，就有了一個基礎——可以據以構思設計的結構，剩下的東西就是用手段與時間去填充，和等待運氣的來臨。

你需要記住，我的兒子，設計運氣就是設計人生。所以在等待運氣的時候，你要知道如何引導運氣。試試看吧。

愛你的父親

第十一封

後退就是投降

即使輸了，唯一該做的就是光明磊落地去輸。
扮杖不能取代強健有力的雙腳，我們要靠自己的雙腳站起來。

1901 年 2 月 19 日

親愛的約翰：

我有一個不好的消息要告訴你，班森先生（Mr. Benson）昨晚去世了。我很難過。班森先生是我昔日的勁敵，也是為數不多受我尊重的對手之一，他卓爾不群的才幹、頑強的意志和優雅的風度，為我留下了深刻的印象。

直到今天，我還記得在我們結盟之後，他跟我開的那個玩笑，他說：「洛克菲勒先生，您是一個毫不手軟而又完美的掠奪者。輸給那些壞蛋，會讓我非常難過，因為那就像遭遇了搶劫，但與您這種循規蹈矩的人交手，不管輸贏，都會讓人感到快樂。」

當時，我分不清班森是在恭維還是真心讚美我，我告訴他：「班森先生，如果你能把掠奪者換成征服者，我想我會樂意接受的。」他笑了。

我非常敬佩那些在大敵當前依然英勇奮戰的勇士，班森先生就是這樣的人。班森在與我為敵前，我剛剛擊敗了全美最大的鐵路公司——賓州鐵路（Pennsylvania Railroad），並成功制服了全美第四家也是最後一家大型鐵路公司——巴爾的摩與俄亥俄鐵路（Baltimore and Ohio Railroad）。就這樣，連同我最忠實的盟友——伊利鐵路（Erie Railroad）和紐約中央鐵路（New York Central Railroad），全美四大鐵路公司全都被我馴服，成為我手中的工具。

與此同時，標準石油公司的輸油管道一點一點地延伸到油田，更讓我獲得了連接油井和鐵路幹線所有主要輸油線的絕對控制權。

坦白說，那時我的勢力已經延伸到採油、煉油、運輸、市場等石油行業的各個角落。如果我說我手中握有採油商、煉油商的生殺大權，絕非大話，我可以讓他們腰纏萬貫，也可以讓他們一文不值。但的確有人無視我的權威，例如班森。

班森是個有雄心的商人，他要鋪設一條從布拉德福德（Bradford）油田到威廉斯波特（Williamsport）的輸油管道，去拯救那些唯恐被我擊垮，而急欲擺脫我束縛的獨立石油生產商們。當然，想從中大撈一把的念頭更支配著他勇闖我的領地。

這條連接賓州東北部與西部的輸油管線，從一開始就以驚人的速度向前鋪進。這引起我極大關注。約翰，任何競爭都不輕鬆，而是一場場活力十足、需要密切注意、不斷做出決定的遊戲，否則，稍不留神你就輸了。

班森在製造麻煩，我必須讓他停手。起初我用了一套顯然並不高明的手法與班森較量：我高價買下一塊沿賓州州界由北向南的狹長土地，企圖阻止班森前進的步伐。但班森採取繞行的辦法，化解了我打出的重拳，結果我成了無所作為的地主，卻讓那裡的農民一夜暴富。接著我動用盟友的力量，要求鐵路公司絕不能讓任何輸油管道跨越他們的鐵路。結果班森如法炮製，再次成功突圍。最後我想借助政府的力量來阻擊班森，但沒有成功，只能眼睜睜地看著班森成為英雄。

我知道，我遇到了難以征服的勁敵，但他無法動搖我競爭的決心，因為那條長達一百一十英里的管道是我最大的威脅。如果任由原油在那裡毫無阻礙地流淌，流到紐約，那麼班森他們就將取代我，成為紐約煉油業的新主人，同時也將使我失去對布拉德福德油田的控制。這是我不能允許的。

當然，我並不想趕盡殺絕，困死他們。我真正的目標是不用太高的價格，就能得到我想要的東西——不能讓班森他們胡來，破壞我費盡心計才建立起來的市場秩序，毀了我對石油業的控制權，這可是我的生命。所以，當那條巨蛇即將開始湧動的時候，我向班森提議，我想買他們的股票。但很不幸，他們拒絕了。

這激怒了很多人。主管公司管道運輸業務的奧戴先生（Mr. Oday）想要摧毀管道，以懲罰那些不知好歹的傢伙。我厭惡這種邪惡下流的想法，只有無能的人才會幹這類令人不齒的勾當。我告訴奧戴：扼殺你那個愚蠢的想法！我從來沒有想到會輸，但是**即使輸了，唯一該做的就是光明磊落地去輸**。如果誰能在背後搞鬼而沒有被人抓到，他幾乎一定會獲得競爭優勢。但是，邪惡和不道德的行為非常危險，它會讓人喪失尊嚴，甚至可能坐牢。

而且，任何欺騙和不道德的行為都無法持久，不能成為可靠的企業策略，這只會破壞大局，使未來變得越發困難，甚至不可能再有機會。**我們一定要講究規矩，因為規矩可以創造關係，關係會帶來長久的業務，好的交易會創造更多的交易**，否則，我們等同提前結束自己的好運。

就我的本性而言，我不迎接競爭，我摧毀競爭者。但我不需要不光明的勝利，我要贏得美滿、徹底而體面。就在班森洋洋得意地享受他的成功快樂時，我發動了一系列令他難以招架的攻勢。我派人向儲油罐生產商送去大批訂單，要求他們保證生產、按時交貨，令他們無暇顧及其他客戶，包括班森。沒有儲油罐，採油商只能將開採的原油傾瀉到荒野上，班森難以接受石油無法運輸的事實，選擇大聲抱怨。與此同時，我大幅降低管道運輸價格，吸引大批靠班森運送原油的煉油商，將他們變成我們的客戶。而在此前我已迅速收購了紐約的幾家煉油廠，以阻止它們成為班森一夥的客戶。

一個優秀的指揮官，不會攻打與他無關的碉堡，而是要全力摧毀那個足以攻陷全城的碉堡。我的每一輪攻擊都打在致使班森先生無油可運之處，我成為了勝利者。那條被稱為全美最長的輸油管道建成未足一年，班森先生便投降，他主動提出與我講和。我知道這不是他們的本意，但他們很清楚，如果再與我繼續對抗下去，等待他們的只是敗得更慘。

約翰，每一場至關重要的競爭都是決定命運的大戰，「後退就是投降！後退就將淪為奴隸！」戰爭既已不可避免，那就讓它來吧！而在這個世界上，競爭一刻都不會停止，我們便沒有休息的時候。我們所能做的，就是帶上鋼鐵般的決心，走向紛至沓來的各種挑戰和競爭，而且要情緒高昂並樂在其中，否則，就不會產生好的結果。

想在競爭中獲勝，較為關鍵的是你要保持警覺。當你不斷看到對手想要削弱你的時候，那就是競爭的開始。這時你需要知道自己擁有什麼，也需要知道友善、溫情可能會害了你，而後就是動用所有資源和技巧，去贏得勝利。

當然，要想在競爭中獲勝，勇氣只是贏得勝利的一面，還要有實力。拐杖不能取代強健有力的雙腳，我們要靠自己的雙腳站起來。如果你的腳不夠強壯，不能支持你，你不該放棄和認輸，而應該努力去磨練、強化、發展雙腳，讓它們發揮力量。

我想班森先生在天堂也會同意我的觀點。

愛你的父親

第十二封

不死守自尊，就沒人能傷害你

侮辱是測量能力的尺規。
當你相信自己、與自己和諧一致，你就是自己最忠實的伴侶。

1901 年 2 月 27 日

親愛的約翰：

你與摩根先生談判時的表現，令我和你的母親感到驚喜。我們沒有想到你竟然有勇氣和那個盛氣淩人的華爾街大亨對抗，而且，應對沉穩，言辭得體，不失教養，並徹底控制住了你的對手。感謝上帝，能讓我們擁有你這樣出色的孩子。

在信中你告訴我，摩根先生待你粗魯無禮，是有意想要侮辱你，我想你是對的。事實上，他是想報復我，讓你代我受辱。

你知道，此次摩根提出要與我結盟，是擔心我會對他構成威脅。我相信他並不情願與我合作，因為他知道我和他是跑在兩條路上的馬車，彼此誰都不喜歡誰。我一見到他那副趾高氣揚、傲慢無禮的樣子就感到噁心。我相信他一見到我，肯定也有叫他不舒服的地方。

但摩根是位商界奇才，他知道我不把華爾街放在眼裡，更不懼怕他對我的威脅。所以他要實現他的野心——統治美國鋼鐵行業，就必須與我合作。否則，等待他的就是一場你死我活的競爭。

善於思考與善於行動的人，都知道必須祛除傲慢與偏見，都知道永遠不能讓自己的個人偏見妨礙自己的成功，摩根就是這樣的人。所以，儘管摩根不想和我打交道，但他還是問我，是否可以在標準石油公司總裁辦公室與他會面。

在談判中堅持到最後一刻的人一定會撈到好處，所以我告訴摩根：「我已經退休了，如果你願意，我很樂意在我家中恭候你。」他果真來了，這對他而言顯然是有點傷自尊。但他做夢都不會想到，當他提出具體問題時，我會說：「很抱歉，摩根先生，我退休了，我想我的兒子約翰會很樂意和你談那筆交易。」

只有傻瓜才看不出來，我這是在公然輕蔑摩根，但他很克制，告訴我希望你能到他在華爾街的辦公室去談。我答應了。

對他人的報復，就是對自己的攻擊。摩根先生似乎不懂得這個道理，他為了解開心頭怒火，反倒被你控制住了。但不管怎麼說，儘管摩根先生對我公然侮辱他耿耿於懷，但始終將眼睛盯在要達成的目標上，對此我頗為欣賞。

我的兒子，我們生長在追求尊嚴的社會，我知道對於一個熱愛尊嚴的人來說，蒙受侮辱意味著什麼。但在很多時候，不管你是誰，即使是美國總統都無力阻止來自他人的侮辱。

那麼，我們應該怎麼辦呢？是在盛怒中反擊、捍衛尊嚴，還是寬容相待，大度化之？還是用其他方式來回應呢？你或許還記得，我一直珍藏著一張我中學同學的多人合照。那裡面沒有我，有的只是出身富裕家庭的孩子。幾十年過去了，我依然珍藏著它，更珍藏了拍攝那張照片的情景。

那是一天下午，天氣不錯，老師告訴我們，有一位攝影師要來拍學生上課時的情景照。我有被照過相，但次數很少，對一個窮苦家的孩子來說，照相是種奢侈。攝影師才剛出現，我便想像著要被拍入鏡頭的情景，微微一笑、自然一點，帥帥的，甚至開始想像如同報告喜訊一樣回家告訴母親：「媽媽，我拍了照！是攝影師拍的，棒極了！」

我用一雙興奮的眼睛注視著那位彎腰取景的攝影師，希望他早點把我拉進鏡頭內。但我失望了。那個攝影師好像是個唯美主義者，他直起身，用手指著我，對我的老師說：「你能讓那位學生離開他的座位嗎？他的穿著實在太寒酸了。」我是個弱小還得聽命於老師的學生，我無力抗爭，只能默默地站起身，為那些穿戴整齊的富家子弟製造美景。

在那一瞬間我感覺自己的臉在發熱。但我沒有動怒，也沒有可憐自己，更沒有埋怨父母為什麼不讓我穿得體面一點，事實上，他們為了讓我受到良好教育已經竭盡全力了。看著那位攝影師調動拍攝場面，我默默攥緊雙拳，向自己鄭重發誓：總有一天，你會成為世界上最富有的人！有攝影師幫忙照相算得了什麼！讓世界上最著名的畫家幫你畫一幅畫像，才值得驕傲！

我的兒子，我那時的誓言已經變成了現實！在我眼裡，侮辱一詞的詞義已經轉換，它不再是剝掉我尊嚴的利刃，而是一股強大的動力，如同排山倒海，催我奮進，催我去追求一切美好的東西。如果說那位攝影師把一個窮孩子激勵成了世上最富有的人，似乎也不為過。

每個人都有享受掌聲與喝彩的時候，那或者是在肯定我們的成就，或者是在肯定我們的品質、人格與道德；也有遭受攻擊和侮辱的時候。除去惡意，我想我們之所以會遭受侮辱，是因為我們的能力欠佳。這種能力可能與做人有關，也可能與做事有關，總之不構成他人的尊重。所以，我想說，蒙辱不是件壞事，如果你是一個知道冷靜反思的人，或許就會認為侮辱是測量能力的尺規，我就是這樣做的。

我知道任何輕微的侮辱都可能傷及尊嚴。但是，尊嚴不是天賜的，也不是由別人給予，是你自己締造的。尊嚴是你自己享用的精神產品，每個人的尊嚴都屬於他自己，你認為自己有尊嚴，你就有尊嚴。所以，**如果有人傷害了你的感情或尊嚴，你要不為所動。只要你不死守自尊，就沒有人能傷害你**。

我的兒子，你與你自己的關係是所有關係的開始，當你相信自己、與自己和諧一致，你就是自己最忠實的伴侶。也只有如此，你才能做到寵辱不驚。

愛你的父親

第十三封

如何完成一筆好交易

在做生意時，你絕對不能想把錢賺得一乾二淨，
要留一點給別人賺。
假若涉及金錢，絕對不要先提金額。

1901 年 2 月 27 日

親愛的約翰：

今晚我會晤了調解人亨利．弗里克（Henry Frick），我告訴他：「正像我的兒子告訴摩根先生的，我並不急於賣掉聯合礦業公司（United Mining Company）。但也如你猜測，我從來不會阻止他人建立任何有價值的企業。但是，我堅決反對買主居高臨下，定下企圖將我們排斥在外的價格，我寧可血戰到底也不會做這樣的生意。」我請弗里克轉告摩根，他想錯了。

約翰，看來你還得與摩根繼續打交道，儘管你討厭那個傢伙。所以，我想給你一些建議，讓那個不可一世的傢伙知道什麼是我行我素的惡果。

兒子，很多人都犯有同樣一個錯誤，他們不知道自己到底在幹麼。其實，不論你從事哪一個行業，譬如經營石油、地產，做鋼鐵生意，還是做總裁、做雇員，都是在從事一個行業——跟人打交道的行業。談判更是如此，與你開戰的不是那樁生意，而是人！

所以，真實了解自己和對手，是保證你在競賽中取得大勝的前提。你需要知道，準備是遊戲心理的一部分，你必須知己知彼。想擁有實質優勢，你必須知道：

第一，整體環境：市場狀況如何，景氣狀況如何。

第二，你的資源：你有哪些優勢（優點）和弱勢（弱點），你有哪些資本。

第三，對手的資源：對手的資產狀況如何，他的優勢、劣勢在哪裡。在任何競爭中，謀劃大策略的重要因素之一，就是了解對手的優勢。

第四，你的目標和態度：太陽神阿波羅（Apollo）的座右銘只有短短的一句話：「人貴自知。」（You know yourself.）你要知道自己在幹什麼、有什麼目標，實現目標的決心有多堅決。像個贏家一樣，我仍會懷疑自己在精神與態度上的優缺點。

約翰，你要記住我的一句話：越是認為自己做得到，你就會變得越高明，積極的心態會創造成功。

第五，對手的目標和態度：要盡量判斷對手的目標，同樣重要的是，要設法深入對手的內心，了解他的想法。

毫無疑問，最後這一條——預測和了解對手——是最難實現的，但你要去力爭實現。那些偉大的軍事將領大多有一個習慣，他們總是盡力了解對手的性格和習慣，以此判斷對手可能做出的選擇和行動方向。在所有競爭活動中，能夠了解對手和競爭者也總是很有功效，因為這樣你就可以預測對手的動向。主動、預期性的措施幾乎總比被動反應有效，且更有力量。俗話說「預防勝於治療」，就是這個道理。

在有些時候，你的競爭對手可能是你熟知的人，那你就要多利用這個優勢。如果你知道他是一個很謹慎的人，你最好也要小心一點；如果你覺得他總是很衝動，或許這是在暗示你，要大刀闊斧，否則你可能被他逼上絕路。但是，你不必與對手熟識，只要能明察秋毫，在談判桌上就可以發現很多有價值的東西。善於談判的人應能觀察一切。你甚至不必等到開始走出第一步，才開始了解對手。

我們說的話可能會透露或掩飾自己的心意，但我們的選擇幾乎總是會洩露自己內心的祕密——想法，每個人所做的第一個選擇，也是洩露真相的第一個動作。在談判中你必須了解自己在說什麼，如果你真的能掌控一切，就應該能夠掌控自己所說的話，為自己帶來好處。

同樣的，你必須隨時保持警惕，以便收到對手發出的資訊。如果是這樣，你就可以持續掌控明確的優勢，做不到這一點，你就可能喪失另一個機會。你需要知道，在一場競爭激烈的談判中失敗，意味著下次贏得談判的機會將會降低。做交易的祕訣在於，你要知道什麼不能交易、什麼可以交易。摩根先生視我們為牆角裡的殘渣，要清掃出去，但我們必須留在地板上。這是沒得商量的。同時，他還必須給出一個好價錢。但你也要知道，在做生意時，你絕對不能想把錢賺得一乾二淨，要留一點給別人賺。

約翰，你知道，我們願意做這筆交易，是因為我們認為這筆交易對自己有利，這是顯而易見的。然而，你不要受制於這種明顯而狹隘的觀點。

有太多「聰明人」認為，談判的目的不是要交易，而是要撿便宜，希望用最低的價格買到東西。這次摩根一方給出的價格比實際價值低了超過一百萬元。如果他只想做這種交易，表示他會因此失掉登上美國鋼鐵行業霸主地位的機會。交易的真諦是交換價值，用別人想要的東西來換取你想要的東西。

要完成一筆好交易，最好的方法是強調其價值。而很多人會犯下強調價格而非價值的錯誤，常說什麼：「這真的很便宜，再也找不到這麼低的價格了。」沒錯，沒有誰願意出高價，但在最低價格之外，人們更希望得到最高的價值。

約翰，與摩根談判時，假若涉及金錢，絕對不要先提金額，要提供他寶貴的價值，強調他從你這裡能夠買到什麼。

我相信，人經過努力可以改變世界，達到新的、更美好的境界。祝你好運！

愛你的父親

第十四封

錢買得到人才，卻買不到人心

建立在生意上的友誼遠勝過建立在友誼上的生意。往上爬的時候要對別人好一點，因為你走下坡的時候會碰到他們。

1901 年 5 月 16 日

親愛的約翰：

你與摩根總算達成了共識，這是美國經濟史上最偉大的一次握手，我相信後人一定會慷慨記住這一偉大時刻。因為正如《華爾街日報》（*The Wall Street Journal*）所說，它標誌著「一艘由華爾街大亨和石油大亨共同打造的超級戰艦已經出航，它將勢不可當，永不沉沒」。

約翰，你知道這叫什麼嗎？這就是合作的力量。

合作，在那些妄自尊大的人眼裡，或許是件軟弱或可恥的事情。但在我看來，合作永遠是聰明的選擇，前提是要對我有利。現在，我很想讓你知道這項事實：

假若不是上帝成就了我今天的偉業，我很願意將其歸功於三大力量的支持：第一道力量來自按規則行事，它讓企業得以永續經營；第二道力量來自殘酷無情的競爭，它會讓每次的競爭更趨完美；第三道力量來自合作，它讓我在關係中取得利益、撈得好處。

而我之所以能跑在競爭者的前面，就在於我擅長走捷徑——與人合作。在我創造財富之旅的每一站，你都能看到合作的站牌。因為從我踏上社會那一天起就知道，在任何時候、任何地方，只要存在競爭，誰都不可能孤軍奮戰，除非他想自尋死路。聰明的人會與他人，包括競爭對手形成合作關係，假借他人之力使自己存在下去或強大起來。

當然，我可以做出一個很可能會成為現實的假設，如果我們不與摩根先生合作，雙方很可能就會拚個兩敗俱傷，而我們的對手卡內基先生（Mr. Carnegie，指安德魯・卡內基〔Andrew Carnegie〕，二十世紀初的鋼鐵大王）則會從中漁利，讓他在鋼鐵行業始終一枝獨秀的態勢繼續下去。但現在，卡內基肯定要捶胸頓足了，想想看，誰會在對手蠶食自己領地的時候還能泰然自若呢？除非他是躺在墳墓裡的死人。

合作可以壓制對手或讓對手出局，達到讓自己向目標闊步邁進的目的。換句話說，合作並不見得是追求勝利。遺憾的是，只有為數不多的人才了解其中的奧妙。

但是，合作並不等同於友誼、愛情和婚姻，合作的目的不是去撈取情感，而是要撈到利益和好處。我們應該知道，成功有賴於他人的支持與合作。我們的理想與自己之間有一道鴻溝，想跨越這道鴻溝，必須依靠別人的支持與合作。

當然，我永遠不會拒絕與生意夥伴建立友誼，我相信建立在生意上的友誼遠勝過建立在友誼上的生意。例如我與亨利・弗拉格勒（Henry Flagler）的合作。亨利是我永遠的知己、最好的助手；我與他結盟，他讓我得到的不只是投資回報，更多的是智慧和心靈上的支持。亨利和我一樣，從不自滿且雄心勃勃，成為石油行業的主人是他的夢想。直到現在，我還記得我們剛開始合作的情景。那時候除去吃飯和睡覺，我們幾乎形影不離。我們一同上班、下班，一同思考，一同制訂計畫，相互激勵、彼此堅定決心。那段時間，就如同歡度蜜月一樣，永遠是讓我感到愉快的記憶。

如今，幾十年過去了，我們依然親如兄弟，這份情感給多少錢我都不賣。這也是我一直要你叫他亨利叔叔，而不是亨利先生的原因。

我從不嘗試買賣友誼，因為友誼不能用金錢買來。友誼的背後需要真情的支援。我與亨利之所以有不悔的合作和永遠的友誼，不僅僅在於我們是追逐利益的共謀者，更重要的是，我們都是嚴於律己的人。我們都知道，想要別人怎麼對待自己，你就要怎麼待別人，而且要從當下開始做起。

「己所不欲，勿施於人」既是我的行為準則，也是我對合作保有的明智態度。所以，我從不以財勢欺淩處於弱勢的對手，我情願與他們促膝談心，也不願意擺出盛氣凌人的姿態去壓服他們。否則，我可能會毀了我們之間的合作，讓目標止在半路。

當然，遇到傲慢無禮的人，我也有總忘不了要羞辱他一番的時候，例如，我就曾教訓過紐約中央鐵路公司的老闆凡德比爾特先生（Mr. Vanderbilt）。

凡德比爾特出身貴族，在南北戰爭中立過戰功，享有將軍頭銜。但他把戰場上得到的榮譽當作他生活中不可一世的資本，自以為把持著運輸大權，就可以把我們當成打工的來對待。有一次，亨利找他商談運輸的事情，但誰知道，這個傲慢的傢伙竟說：「年輕人，你要與我談？你的軍階似乎低了些！」亨利從未受到過這樣的侮辱，但在那一刻良好的教養幫了他。他沒有失態，但回到辦公室，他那個漂亮的筆筒卻遭了殃，被他摔了個粉身碎骨。

我趕緊安慰他：「亨利，忘了那個瘋子說了什麼，我一定為你討回尊嚴。」後來凡德比爾特急著要與我們做生意，請我們到他那裡去談判，我派人告訴他：「可以，但你要到我們辦公室來談。」結果，這位習慣別人巴結、討好他的將軍，只能屈尊來見比他小四十多歲的年輕人，同時還要屈從兩位年輕人提出的條件。我想，在那一刻，凡德比爾特將軍一定明白了這個道理：**往上爬的時候要對別人好一點，因為你走下坡的時候會碰到他們**。

我厭惡以粗暴的態度對待人，更知道耐心、溫和對待部屬和同事的價值——有利於實現目標。我知道用錢可以買到人才，卻不會買到人心，但如果在付錢的時候又送上一份尊重，就能讓他們為我忠心服務。這就是我能建立起高效管理隊伍的成功所在。

但我不希望因此產生錯誤的判斷，認為會合作的人就是好人。不！合作並非是不是好人的問題，而是好處和利益的問題。沒有任何結盟是永遠持久的，合作只是一種獲利戰術。當環境發生變化的時候，戰術將隨之改變，否則，你就輸了。現實很嚴厲，你必須更嚴厲，但是，顯然也要當個好人。

約翰，生命的本質就是鬥爭和競爭，它們激動人心。但是，當它們發展為衝突時，往往具有毀滅性和破壞性，而適時的合作則可以化解它們。

愛你的父親

第十五封

我拒絕來往的兩種人

讓環境幫助你成功的方法，是多接近積極成功的人，少與消極的人來往。你付不起貪小失大所累積的種種額外負擔。

1902 年 5 月 11 日

親愛的約翰：

我想你已經察覺到了，你的某些思想和觀念正因為你的那些朋友而發生變化。我當然不反對你擴大交友圈，它可以增加你的生活情趣，拓展你的生活領域，甚至幫助你找到知己或幫助你實現人生理想的人。但有些人顯然不值得你與他交往，比如，那些拘泥於卑微、瑣碎之事的人。

我從年輕的時候就拒絕和兩種人交往。

第一種是那些完全投降、安於現狀的人。他們深信自己條件不足，認為創造成就只是幸運兒的專利，他們沒有這個福氣。這種人願意守著一個很有保障卻很平凡的職位，年復一年渾渾噩噩。他們也知道自己需要一份更有挑戰性的工作，這樣才能繼續發展與成長，但因為有無數的阻力，使他們深信自己不適合做大事。

明智的人絕不會為命運坐下來哀號。但這種人只會哀嘆命運不濟，卻從不欣賞自己，不把自己看作更有分量、更有價值的人。他們失去了使自己全力以赴的衝勁和自我鼓勵的能力，反而讓消極占據了自己的內心。

第二種是不能將挑戰執行到底的人。他們曾經非常嚮往成就大事，也曾替自己的工作大做準備、制定計畫。但是十幾年或幾十年後，隨著工作的阻力慢慢增加，想要更上層樓需要艱苦努力的時候，他們就覺得這樣下去實在不值得，因而放棄努力，變得自暴自棄。

他們會自我解嘲：「我們比一般人賺得多，生活也比一般人好，幹麼不知足，還要冒險？」其實這種人已經有了恐懼感，他們害怕失敗、不被認同、發生意外，或是失去已有的東西。他們並不滿足，卻已經投降。這種人有些很有才幹，卻因不敢重新冒險，最後平平淡淡地度過一生。

這兩種人身上有著共同且極易感染他人的思想毒素——那就是消極。

我一直認為，一個人的個性與野心、目前的身分與地位，和與什麼人交往有關。經常和消極的人來往，自己也會變得消極；和小人物交往過於親密，自己也會產生許多卑微的習慣。反過來說，經常受到大人物薰陶，不知不覺間會提高自己的思想水準；經常接觸那些雄心萬丈的成功人士，也會使自己養成邁向成功所需要的野心與行動。

我喜歡和那些永遠不會屈服的人做朋友。有個聰明人說得好：我要挑戰令人厭惡的逆境，因為智者告訴我，那是通往成功最明智的方向。只是這種人少之又少。

這種人絕不讓悲觀左右一切，絕不屈從於任何阻力，更不相信自己只能渾渾噩噩虛度一生。他們活著的目的就是獲得成就。這種人很樂觀，因為他們一定要完成自己的心願。這種人很容易成為各個領域的佼佼者。他們能真正地享受人生，也真正了解生命的可貴。他們盼望每一個新的日子，以及和別人新的接觸，因為他們把這些看作豐富人生的歷練，因此熱情地接受。

我相信人人都希望自己的名字被列入其中，因為只有這些人才能成功，也只有這些人才能在付出努力之後，獲得他們所期盼的結果。

不幸的是，消極的人隨處可見，也使很多很多的人無法逃脫消極之牆的圍困。

在我們周圍的人並非完全相同，有些消極保守，有些積極進取。曾與我共事的人之中，有些人只是想混口飯吃，有些人則胸懷大志、野心勃勃，想要有更好的表現。他們也明白，在成為大人物前，必須先做個好的追隨者。

要有所成就，就要避免落入各式各樣的陷阱或圈套。在任何一個地方都有人自知不行，卻硬要擋住你前進的路，阻止你更上一層樓。有許多人因為力爭上游，而被人嘲笑甚至恐嚇。還有些人非常嫉妒，看到你努力上進、力求表現，會想盡辦法來捉弄你，讓你難堪。

我們不能阻止他人成為無聊的消極分子，卻可以不被那些消極人士影響，降低自己的思想水準。你要讓他們自然溜過，就像綠頭鴨身後的水一樣。時時跟隨思想積極前進的人，跟著他們一起成長、一起進步。

你確實能夠做到這一點，只要你的心態正常，一定可以辦到，而且你最好辦到。

有些消極的人心腸很好，但還有一些消極的人自己不知上進，還想把別人也拖下水。他們自己沒有什麼作為，所以想使別人也一事無成。記住，約翰，說你辦不到的人，都是無法成功的人，他個人的成就頂多普普通通，因此這種人的意見對你有害無益。

你要多加防範那些說你辦不到的人，只能把他們的警告看作證明你一定辦得到的挑戰。你還要特別防範消極的人，破壞你邁向成功的計畫，這種人隨處可見，他們似乎專門破壞別人的進步與努力。千萬要小心，多多注意那些消極的人，不要讓他們破壞你的成功計畫。不要讓那些思想消極、肚量狹小的人妨礙你的進步。那些幸災樂禍、見不得你好的人都想看你摔跤，不要給他們機會。

當你有任何困難時，最明智的做法是找第一流的人物來幫助你。如果向一個失敗者請教，就和請求庸醫治療絕症一樣可笑。你的前途很重要，千萬不要從長舌婦那裡徵求意見，因為這種人一輩子都沒有出息。

你要重視你的環境，就像食物供應身體能量一樣，精神活動也會滋潤你的心理健康。要使環境為你的工作服務，而不是拖累你。不要讓那些阻力，亦即專門扯你後腿的人使你萎靡不振。**讓環境幫助你成功的方法，是多接近積極成功的人，少與消極的人來往。**

每一件事情都要做得盡善盡美。你付不起貪小失大所累積的種種額外負擔。

愛你的父親

第十六封

做目的主義者

目的是我帶領人的依據。目的如同鑽石：如果要它有價值，它必須是真實的。

1902 年 5 月 11 日

親愛的約翰：

你能走向標準石油的核心，是你的榮耀，也是我的榮耀。然而，你需要知道，當你享受這個榮耀的時候，也要肩負起與之相伴的責任。否則，你就將有愧於這個榮耀，更會辜負眾人對你的希望和信任。別忘了，你是標準石油公司的中堅，我們事業的最終成敗，已與你息息相關，你應當以更高的標準來要求自己。

坦率地說，你若想在那個位置上幹得出色，讓大家認可你、敬佩你，需要學習的東西還很多。現在，你需要思考一個問題：你自己是否能夠成功把握這個角色。

每一位領導者都是希望大使，是帶領部屬跨過眼前無法避免的荊棘道路的嚮導。但不被辜負卻很難。作為領導者，無論是誰，都會面臨諸多難題。譬如，堆積如山的工作，排山倒海般滾滾而來的資訊，突然發生的變故，最高管理層、投資人和客戶無止境的要求，難以教育的雇員，始終在變動的挑戰，可能讓你疲於奔命，感到挫折、恐懼、焦慮和不知所措，甚至使你要取得商業與個人成就的夢想破滅。

但是，有時成為一個充滿信心與活力的卓越領導者，比成為一個活力盡失、在掙扎無助中度日的領導者更容易，前提是他需要知道如何讓部屬甘心賣命。注意，是甘心，而不是被迫。

作為標準石油公司的領袖，我既享有權威，又享有愉悅。因為我知道，找到可以保證完成任務的人，就等於為我創造了更多時間。換句話說，這不僅會讓我精力充沛，更重要的是，這讓我有更多時間去思考怎樣為公司賺更多錢。

這裡有一個關於態度的問題，值得我們深思。行動受態度驅使，選擇什麼樣的態度，決定了我們要採取什麼樣的行動。至於結果，很快就能見分曉。人可以經由改變自己的態度來改變人生，如果你相信能夠改變態度，你就能夠改變。

聰明人總會選擇對自己最有利的態度。如果你懂得領導的藝術，就會自問：怎樣的態度才能幫自己達到真正想要的結果？是鼓舞激勵的態度，還是抱持同情的態度？他們永遠不會選擇冷淡或抱持敵意。

如果你視自己為高高在上、一言九鼎的專制君主，你很可能會成為下一個法蘭西國王路易十六（Louis XVI）。就我而言，我從不專橫跋扈、製造衝突，或是給予自身過大壓力，反倒有給予部屬信任、鼓舞士氣、達成我所期望的商業成就的習慣，這個習慣會幫助我實現活用部屬的目的。要做到這一點，方法很簡單，就是要知道如何運用設定目標的力量。

我是一個目的主義者，我從不像某些人那樣誇大擁有目標的作用，但我異常重視目的的功能。在我看來，目的是驅動潛能的關鍵，是主導一切的力量，它可以影響我們的行為，激勵我們製造達成目的的手段。明確、果斷的目的，能讓我們更加專注於所選擇的方向，並盡力達成目標。

我的經驗告訴我，一個人能達成的任務及他最終的表現，與目的的本質與力量息息相關，且與他為了目標所做的事情幾乎無關。想想看，沒有一桿就能完成的高爾夫比賽，你需要一個洞、一個洞地打過去，每打出一桿的目的就是為了離球洞越近越好，直到把它打進。

目的是我帶領人的依據，目的就是一切。我習慣在做任何事情之前先確立目標，而且每天都要設定目的，無數的目的。譬如與合夥人談話、召開會議、制訂計畫的目的等。我在做事之前也會先檢視自己設定的目標。通常在到達公司時，我已經成功做好了萬全準備。所以，在我心裡從未出現過諸如「我沒有辦法」、「我不管了」、「沒有希望了」等具有吞噬性的聲音。每一天確立的目的，已經抵消了失敗的聲音。

如果你無法主動確立自己的目的，你就會被動或不自覺地選擇其他目標，結果很可能讓你失去掌控全局的能力，同時也將受制於使你分心或攪亂你的人或事件。

這就像將一艘遊艇自碼頭鬆開繩索，卻忘記啟動馬達一樣。你將隨波逐流，海風、水流或其他船隻隨時都能使你葬身海底。也許對岸有好事等著你，但是除非出現奇蹟，否則你將無法順利到達對岸。確立目的就如同開啟遊艇的引擎，能驅動你朝向所選擇的道路前進。目的可以為人類的努力增添方向與力量。

但是，確立目的只是走到了成為目的主義者的中途，你還要走另一半路程，你需要毫無保留地向部屬陳述你的目的——你個人的企圖、動機與內心的戰略計畫。對每一位需要了解我所要達成之目的的人，我會向他們說明我的目標。在每次會談、會議、報告中或事情開始階段，我都會預先表達自己的動機、想法以及期望。

這樣做的好處會讓你感到驚訝。它不僅能使部屬清楚你的目的，知曉前進的正確方向，最重要的是，當你勇於將目標開誠布公之後，你將收穫情感上的忠誠。要知道，忠誠是甘心效命的開始。

傑出的領導者都善於動用兩種無形的力量：信任和尊重。當你誠實地說出你的目的時，也傳遞出這樣的資訊：「因為我對你足夠信任，所以我願意向你表白。」它將開啟讓人信任的大門，而在大門外，你擁抱的不僅是部屬的能力，還有他們無價的忠誠——要凝聚力量來幫助你的忠誠。信賴別人，並使別人也信賴我，是我取得一生成就的重要原因。

公開你的目的，更能避免無益的推論。如果你不告訴部屬，他們就會花時間猜想、臆測，根據所能搜集到的蛛絲馬跡來推測，而這些資訊都很容易受到扭曲。只有不需要解讀你的動機時，部屬的士氣與能力才有機會獲得提升。所以，把部屬當成「傻瓜」似乎更有利。

表明目的的力量是無可取代的，它所傳達出的不僅僅是一項聲明，同時也是領導者對於個人行為勇敢堅決的誓言。出自堅決意志與絕對韌性的目的，往往能夠激勵、鼓舞部屬，使他們在工作中能有更傑出的表現。

領導者的天職是發現問題，而解決問題要依靠部屬。如何把部屬調動起來、完成他們的職責是領導者該考慮的第一要事。我認為，亮出你的目的，熱情地對待每個人，就能實現你所要的。

目的如同鑽石：如果要它有價值，它必須是真實的。不誠懇地表白目的只會搞砸一件事。如果一個人濫用目標的力量，他只會破壞彼此間的信任，並失去別人的信賴。這就是表達目的的風險。

約翰，到達地獄的路是由善意鋪成的。除非你已做好萬全的準備，否則這句話很可能成真。

愛你的父親

第十七封

忍耐是最好的策略

忍人之所不能忍，方能為人所不能為。在任何時候，衝動都是我們最大的敵人。

如果你真的想成功，一定要掌握並保護自己的機會，更要設法搶奪別人的機會。

1902 年 9 月 2 日

親愛的約翰：

非常感謝你對我的信任，告訴我你退出花旗銀行（Citibank）董事會的事情。我當然理解你為什麼這樣做，你已經無法繼續忍受同仁們的某些做法，更不想繼續屈從於他們。

但是，你的決定是否明智，似乎還有待於時間來證實。理由很簡單，如果你不主動放棄花旗銀行董事的職位，而是選擇留在那裡，或許你會得到更多。

我知道，屈從是思想的大敵，也是自由的獄吏。然而，對於一個胸懷大志的人而言，保持必要的屈從與忍耐，恰恰是一條屢試不爽的成功策略。追溯過往，我曾經忍耐過許多，也因為忍耐得到過許多。

我在創業之初，由於缺乏資金，我的合夥人克拉克先生邀請他昔日的同事加德納先生（Mr. Gardner）入夥，對此我舉雙手贊成。因為有了這位富人的加入，意味著我們可以做我們想做、有能力做、只要有足夠資金就能做成的事情。

然而，出乎我意料的是，克拉克帶來一名投資者的同時，卻送給我一份屈辱。他們要把克拉克—洛克菲勒公司（Clark-Rockefeller Company）更名為克拉克—加德納公司（Clark-Gardner Company），而他們將洛克菲勒的姓氏從公司名稱中抹去的理由是：加德納出身名門，他的姓氏能吸引更多客戶。

這個理由大大刺傷了我的尊嚴！我非常憤怒！我同樣是合夥人，加德納帶來的只是他那一份資金而已，難道他出身貴族就可以剝奪我應得的名分嗎？但是，我忍下了，我告訴自己：你要控制住你自己，你要心平氣和，這只是開始，路還長著呢！

我故作鎮靜，裝作若無其事的樣子告訴克拉克：「這沒什麼。」事實上，這完全是謊言。想想看，一個遭受不公對待、自尊心正受到傷害的人，怎麼能有如此的寬容大度！但是，我用理性澆滅了我心頭燃燒著的熊熊怒火，因為我知道這會為我帶來好處。

忍耐不是盲目的容忍，你需要冷靜地考量情勢，要知道你的決定是否會偏離或加害你的目標。對克拉克大發雷霆不僅有失體面，更重要的是這會使我們的合作產生裂痕，甚至招致一腳把我踢出去、讓我從頭再來的惡果。而團結則可以形成合力，讓我們的事業越做越大，我的個人力量和利益也必將隨之壯大。

我知道自己要到哪裡去。在這之後我繼續一如既往、不知疲倦地熱情工作。到了第三個年頭，我就成功地把那位極盡奢侈的加德納先生請出了公司，讓克拉克—洛克菲勒公司的牌子重新豎立起來！那時人們開始尊稱我為「洛克菲勒先生」，我已經成了富人。

在我眼裡，忍耐並非忍氣吞聲，也絕非卑躬屈膝。忍耐是一種策略，同時也是一種性格磨練，它所孕育出的是好勝之心。這是我與克拉克先生合作期間得出的心得。

我崇尚平等，厭惡居高臨下發號施令。然而，克拉克卻總在我面前擺出趾高氣揚的架勢，這令我非常反感。

他似乎從不把我放在眼裡，把我視為目光短淺的小職員，甚至當面貶低我除了記帳和管錢之外一無可取，沒有他我更是一文不值。這是公然的挑釁，我卻裝作充耳不聞，我知道自己尊重自己比什麼都重要。但是，我在心裡已經與他開戰，我一遍一遍地叮囑自己：超過他，你的強大是對他最好的羞辱，是打在他臉上最響的耳光。

結果正像你所知道的那樣，克拉克—洛克菲勒公司永遠成了歷史，取代它的是洛克菲勒—安德魯斯公司（Rockefeller-Andrews Company），我就此搭上了成為億萬富翁的特快列車。**忍人之所不能忍，方能為人所不能為**。

在任何時候，衝動都是我們最大的敵人。如果忍耐能化解不該發生的衝突，這樣的忍耐永遠是值得的；但是，如果頑固地一意孤行，非但不能化解危機，還會帶來更大的災難。安德魯斯先生（Mr. Andrews，指山姆．安德魯斯〔Sam Andrews〕）似乎並不明白這個道理。

安德魯斯是一個沒有商業頭腦且自以為是的人，他缺乏成為偉大商人的雄心，卻有著邪惡的偏見。這種人會與我發生衝突毫不奇怪。

導致我們最終分道揚鑣的那場衝突，緣於公司發放股東的紅利。那一年我們幹得不錯，賺了很多錢，可是我不想把公司賺到的錢全都讓股東們拿回家，我希望能將其中的一半收益再投入公司經營中。但安德魯斯堅決反對，這個自私自利的傢伙想把賺來的錢全分了，甚至怒氣沖沖地威脅我說，他不想在公司繼續幹下去了。我不能忍受任何阻止公司強大的想法，只能向他攤牌，請他為他持有的股票開價。他說一百萬，我說沒問題，第二天我就用一百萬買下了。

錢一到手，安德魯斯興奮極了，他覺得自己中了大獎，認為原本手裡持有的股票根本不值一百萬。但他沒有想到，我很快一轉手就又賺了三十萬。這件事傳到他那裡，他竟然罵我手段卑鄙。我不想因為區區三十萬就落得卑鄙的名聲，就派人告訴他，他可以按原價收回。但懊惱中的安德魯斯拒絕了我的好意。事實上，他拒絕的是一次成為全美巨富的機會，如果他能把他價值一百萬的股票保留到今天，就會成為真正的千萬富翁。但為了賭一時之氣，他喪失了終生再也抓不住的機會。

約翰，在這個世界上，我們要忍耐的人和事太多太多，而引誘我們感情用事的人和事也太多太多。所以，你要修練自己管理情緒和控制感情的能力，要注意，在做決策時不要受情感左右，而是完全根據需要來做決定，要永遠知道自己想要什麼。你還需要知道，在機會的世界裡，沒有太多的機會可以爭取，如果你真的想成功，一定要掌握並保護自己的機會，更要設法搶奪別人的機會。

記住，要天天把忍耐帶在身上，它會給你帶來快樂、機會和成功。

愛你的父親

第十八封

成功，沒有什麼神祕之處

我從不相信「失敗是成功之母」，我相信「信心是成功之父」。信心的大小決定了成就的大小。

1903 年 6 月 7 日

親愛的約翰：

你說得很對，雄才大略的智慧可以創造奇蹟。然而，現實裡創造奇蹟的人總是寥若晨星，而泛泛之流卻輩出。

耐人尋味的是，人人都想大有所為。每一個人都想獲得最美好的東西，每一個人都不喜歡巴結別人；即使過著平庸的日子，也沒有人喜歡覺得自己是二流人物，或覺得自己是被迫進入這種處境。

難道我們沒有雄才大略嗎？不！最實用的成功智慧早已寫在《聖經》（*Bible*）之中，那就是「堅定不移的信心足可移山」。可是為什麼還有那麼多人失敗呢？我想那是因為，真正相信自己能夠移山的人不多，結果，真正做到的人也不多。

絕大多數人都將那句聖言視為荒謬的想法，認為那根本不可能。我認為這些不會得救的人犯了一個常識性的錯誤，他們錯把信心當成了「希望」。沒錯，我們無法用希望移動一座高山，無法靠希望取得勝利或平步青雲，也不能靠希望擁有財富和地位。

但是，信心的力量卻能幫助我們移動一座山，換句話說，只要相信我們就能夠成功。你也許認為我將信心的威力當成奇蹟或某種神祕力量了。不！信心能產生相信「我確實能做到」的態度，相信「我確實能做到」的態度能塑造創造成功必備的能力、技巧與精力。每當你相信「我能做到」時，自然會想出如何解決的方法，在你解決問題後，自然就成功了。這就是信心發揮功效的過程。

每一個人都希望有一天能登上山頂，享受隨之而來的成功果實。但是他們絕大多數偏偏都不具備所需的信心與決心，因而無法到達頂點。因為他們相信自己達不到，自然就找不到登上顛峰的途徑，因此他們的作為也就一直停留在一般人的水準。

但是，有少部分人真的相信他們總有一天會成功。他們抱著「我就要登上顛峰」的心態執行各項工作，並且憑著堅定的信心達成目標。我認為我就是他們的其中一員。當我還是一個窮小子的時候，我就相信自己一定會成為天下最富有的人。強烈的自信激勵我想出各種可行的計畫、方法、手段和技巧，一步步攀上了石油王國的頂峰。

我從不相信「失敗是成功之母」，我相信「信心是成功之父」。勝利是一種習慣，失敗也是一種習慣。如果想成功，就得取得持續性的勝利。我不喜歡取得一次性的勝利，我要的是持續性勝利，只有這樣我才能成為強者。信心激發了我成功的動力。

相信會有偉大的結果，是所有偉大的事業、書籍、劇本以及科學新知背後的動力。相信會成功，是已經成功的人所擁有的要素中，最基本但絕對必備的一項。但失敗者慷慨地丟掉了這項特質。

我曾經與許多在生意場上失敗過的人談話，聽過無數失敗的理由與藉口。這些失敗者在說話的時候，時常會在無意中說：「老實說，我並不認為這行得通。」、「我在開始之前就感到不安。」、「事實上，這件事會失敗我不太意外。」

採取「我暫且試試看，但我想還是不會有什麼結果」的態度，最後一定會招致失敗。「不信」是消極的力量。當你心中不以為然或產生懷疑時，你就會想出各種理由來支持你的「不信」。懷疑、不信、在潛意識中覺得自己就要失敗，以及不是很想成功，都是失敗的主因。心中存疑，就會失敗。相信會勝利，就必定成功。

信心的大小決定了成就的大小。庸庸碌碌、過一天算一天的人，相信自己做不成什麼事情，所以他們僅能得到很少的報酬。他們相信自己不能做出偉大的事，那就真的不能。他們認為自己很不重要，那他們所做的每一件事就都顯得無足輕重。久而久之，連他們的言行舉止也會顯得缺乏自信。如果不能提升自信，就會在自我評估時畏縮，變得愈來愈渺小。而且他們怎麼看待自己，也會使別人怎麼看待他們，於是這種人在眾人的眼光下又會變得更加渺小。

那些積極向前的人，肯定自己有更大的價值，他就能得到很高的報酬。他相信自己能處理艱鉅的任務，就真的能做到。他所做的每一件事，待人接物、個性、想法和見解，都顯示出他是專家，是一位不可或缺的重要人物。

照亮我的道路，不斷給我勇氣，讓我愉快正視生活理想的，就是信心。任何時候我都不忘增強信心。我用成功的信念取代失敗的念頭。面臨困境時，我想到的是「我會贏」，而不是「我可能會輸」。與他人競爭時，我想到的是「我和他們一樣好」，而不是「我無法和他們相比」。機會出現時，我想到的是「我能做到」，而不是「我不能做到」。

每個人邁向成功的第一個步驟，也是不能漏掉的基本步驟，就是要相信自己一定能夠成功。要讓關鍵性的想法——我會成功——支配我們的各種思考過程。成功的信念會激發自信的心智，創造出獲得成功的計畫。而失敗的意念正好相反，使我們去想一些會導致失敗的念頭。

我定期提醒自己：你比你想像得還要好。成功的人並不是超人。成功不需要超人的智力，不是靠運氣，也沒有什麼神祕之處。成功的人只是相信自己、肯定自己所作所為的平凡人。永遠不要、絕對不要廉價地出售自己。

每個人都是自己思想的產物，如果你想的是小的目標，那可預期成果也很微小。想到偉大的目標就會贏得重大的成功。而偉大的創意與大計畫，通常比小的創意與計畫要來得容易，至少不會更困難。

那些能夠在商業、傳教、寫作、演戲，以及其他成就的追求上達到最高峰的人，都是因為能夠踏實、有恆心地奉行一個自我發展與成長的計畫。這項訓練計畫會為他們帶來一系列的報酬：獲得家人更尊敬的報酬，獲得朋友與同事讚美的報酬，能覺得自己很有用的報酬，成為重要人物的報酬，收入增加、生活水準提高的報酬。

成功——成就——就是生命的最終目標，需要我們用積極的思考去呵護。當然，在任何時候都不能讓你的信念出問題。

愛你的父親

第十九封

我最不想聽到的話

做任何事都不可能只找到一種最好的方法。要找出完美想法的最佳途徑，就是擁有許多想法。
最大的成功，都是留給抱持著「我能把事情做得更好」這樣態度的人。

1903 年 12 月 4 日

親愛的約翰：

我不贊同你讓羅傑（Roger）擔當重任、獨當一面。事實上，我曾為此做過努力，但結果頗令我失望。我的用人原則是，被委以重任的人，必須能找出把事情做得更好的方法。但羅傑顯然不夠格，因為他是個懶惰的人。

我開始與羅傑共事之前，為了檢驗他的實力，我問了一個問題。我說：「羅傑先生，你認為政府怎麼做才能在三十年內廢除所有監獄？」他聽了顯得很困惑，懷疑自己聽錯了，一陣沉默過後，他便開始反駁我：「尊敬的洛克菲勒先生，您的意思是要把那些殺人犯、強盜以及強姦犯全部釋放嗎？您知道這樣做會有什麼後果嗎？如果真是那樣，我們就別想得到安寧了。不管怎樣，一定要有監獄。」

我希望能把羅傑那顆巨石般的腦袋砸開一道縫，我提醒他：「羅傑，你只說了不能廢除的理由。現在，你來試著相信可以廢除監獄。假設可以廢除，我們該如何著手？」

「這太強人所難了，洛克菲勒先生，我無法相信，也很難找出廢除它的方法。」這就是羅傑的辦法——沒有辦法。

因此，我想像不出若我賦予他重任，當機會或危難來臨的時候，他是否能動用他所有的才智去積極應對。我不信任羅傑，他只會將希望變成沒有希望。

找出把事情做得更好的方法，是成功達成一件事情的保證。這不需要超人的智慧，重要的是相信能把事情做成，要有這種信念。當我們相信某一件事不可能做到的時候，大腦就會為我們找出各種做不到的理由。但是，當我們相信——真正地相信，某一件事確實可以做到，大腦就會幫我們找出各種方法。

相信某一件事做得到，就會為我們提供具創意的解決之道，將我們各種創意能力發揮出來。

相反，不相信事情能夠做成功，就等於關閉了我們用創意解決問題的心智，不但會阻礙發揮創意的能力，同時還將破滅我們的理想。所謂「有志者事竟成」，是創造成就的根本，不過如此。

我厭惡我的部屬說「不可能」。不可能是失敗的用語，一旦一個人被「這不可能」這樣的想法支配，他就會生出一連串的想法，證明自己想得沒錯。羅傑就犯了這種錯，他是個傳統的思考者，他的心靈是麻木的，他的理由是，這已經實行了一百年，因此一定是個好辦法，必須維持原狀，又何必冒險去改變呢？而事實上往往只要用心去想辦得到的原因，就可以達成。「普通人」總是憎惡進步。

我相信，做任何事都不可能只找到一種最好的方法，最好的方法就像有創意的心靈一樣多。沒有任何事物是在冰雪中生長的，如果我們讓傳統的想法凍結心靈，新的創意就無法滋長。

傳統的想法是具創意之計畫的頭號敵人。傳統想法會冰凍我們的心靈，阻礙我們發展真正需要的創意力。羅傑就犯了這樣的錯誤，他應該樂於接受各種創意，要丟棄「不可行」、「辦不到」、「沒有用」、「那很愚蠢」等思想的渣滓；他也要有實驗精神，勇於嘗試新的東西，這將擴展他的能力，為擔負更大的責任做準備。同時，他也要主動前進，不要去想：「這是我平常做這件事的方式，所以在這裡我也要用這種方法。」而要想：「有什麼方法能比我們慣用的方法做得更好？」

各種計畫都不可能達到絕對的完美，這意味著一切事物的改良都是無止境的。我深知這一點，所以我經常會再尋找一些更好的方法。我不會問自己：我能不能做得更好？

因為我知道自己一定辦得到，所以我會問：我要怎樣才能做得更好？

要找出完美想法的最佳途徑，就是擁有許多想法。我會不斷地為自己和別人設定較高的標準，持續尋求增進效率的各種方法，以較低的成本獲得較多報酬，以較少的精力做更多事情。因為我知道，最大的成功，都是留給抱持著「我能把事情做得更好」這樣態度的人。

「我能做得更好」的態度需要培養，要每天想：我今天要怎樣把工作做得更好？今天我該如何激勵員工？我還能為公司提供哪些特殊的服務？我該如何使工作更有效率？這項練習很簡單，但很管用。你可以試試看，我相信你會找到無數富含創意的方法，來贏得更大的成功。

心態決定能力。我們認為自己能做多少，就真的能做多少。如果真的相信自己能做得更多，就能具創意地思考出各種方法。

拒絕新的挑戰非常愚蠢。我們要集中心思於怎樣才可以做得更多。如此一來，許多富含創意的答案都會不期而至。例如，改善目前工作的計畫、處理例行工作的捷徑，或是刪除無關緊要的瑣事。換句話說，那些能使我們做得更多的方法，多半都出現在這個時候。

約翰，你可以和羅傑談談，我希望他能有所改變，到那時他也許就有好日子過了。

愛你的父親

第二十封

克服絕望的唯一方法

要找出完美想法的最佳途徑，就得擁有許多想法。
單純操弄手段的計畫者只配幫策略者提鞋。
我們要勇於在別無選擇中，毅然殺出一條生路。

1904 年 10 月 14 日

親愛的約翰：

漢彌爾頓醫生（Dr. Hamilton）又發福了，看來高爾夫無法抑制他的腰圍向外擴張，他只能借助其他運動方式來減少脂肪了。不幸的是，能防止他增重的運動還沒被發明，他很痛苦。不過，他倒總能用腦子裡各種稀奇古怪的故事，為我們帶來快樂。

今天，漢彌爾頓醫生用一個漁夫與垂釣者的故事，又娛樂了我們。或許是看到我們個個捧腹大笑，醫生顯得很得意，他笑著問我：「洛克菲勒先生，您是想做漁夫，還是想做垂釣者？」

我告訴他，如果我做了垂釣者，或許就沒有資格和他們打高爾夫了。因為我靠有效的行為策略來創造商業利益，而垂釣者的行為方式不能保證成功。

當然，沒有一個垂釣者會愚蠢到只知丟下魚餌而不事先思考、計畫、決定：要釣哪種魚，用什麼樣的餌料，需要將釣魚線拋到哪裡，而後才坐等大魚上鉤。就形式而言，他們沒做錯什麼，但結果是否如願卻沒人知道。

也許花上一段時間他們會釣到魚，又或許他們一條魚都釣不到，而那條他們理想中的魚，也許永遠不會上鉤。因為他們太執著於自己的方式，儘管他們很清楚自己的目標，但他們使用的方式卻限制了成功的可能——除了那條釣魚線所及之處，他們捕魚的範圍等於零。但是，如果能像漁夫那樣張網捕魚，就能擴大捕魚範圍，而豐富的漁獲量會讓他們有許多的選擇機會，並最終捕獲到他們想要的魚。

我告訴漢彌爾頓和其他球友們，我不是刻板固執、按部就班、以簡單方式來解決問題的垂釣者，我是能夠創造多種選擇，直至挑選出最能創造商業利益的魚的漁夫。他們都笑了，說我洩露了賺錢的祕密。

約翰，不論你做什麼，要找出完美想法的最佳途徑，就得擁有許多想法。在做出最完美的決定之前，我會致力於尋找具有創意與功效的各種可能性，考量多種可能性方案，並積極嘗試各種選擇，然後才將重點放在最好的選項上。

這就是我總能捕到我想要的大魚的原因。當然，在執行計畫的過程中，我也會保持開放策略，順應時勢，不斷調整或修正計畫；所以，即使計畫進展並不順利，我也不會驚慌失措，總能沉著應對。

很多人都認為我有著非凡的能力，是一位充滿效率與行動能力的領導者。如果真是這樣，我想你也可以獲得這樣的讚譽，只是你需要克制尋找簡單、單向解決方案的衝動，樂於嘗試能達成目標的各種可能性，擁有在困難面前付諸行動的耐心、勇氣和膽略，以及不達目的絕不收手的執著精神。

單純操弄手段的計畫者只配幫策略者提鞋。作為總裁，我只為部屬設立清楚明確的方向或策略，但不會將自我局限於過分僵化的行動計畫中。相反的，我會持續探索能夠實現策略的各種可能性。

許多人都堅持認為，成功的關鍵在於扎實的策略計畫，而這項計畫必須由具體、可衡量、可達成且實際的行動目標作為後盾。我承認這樣做很重要，但它有致命的缺陷。計畫強調的是判斷的標準與預設的成果，人們所採納的也是認為可達成目標的固定方法。由於這些方案依據的是預期能達成目標的已知方法，因此我們在開始行動之前，其實已經局限了範圍。

儘管在我們提筆擬定計畫之際，該計畫看起來似乎天衣無縫，但是局勢在計畫定稿之前可能已經轉變了。也就是說，不僅市場的狀況早已改變、客戶改變，就連所能支持計畫的資源也已改變。這也難怪這些成本高昂又耗時費力的策略，僅有極少的部分能真正被執行。

要如何適應這種狀況？不論我們是為公司或是單一部門擬定計畫，都必須確認自己所擬定的是策略，而非手段。策略的本質是彈性、長遠、多面向、宏觀的。它們強調的是如何成長或擴大利潤這類的成果，而不是某個可衡量的目標。同時，策略所提供的是一個大方向，而非達到成功的唯一方式。

要成為傑出的領導者，我們必須讓自己成為一位策略性的思考者，而不僅僅是手段的設計者。還得避免將自己局限於既定的流程中，我們的座右銘將是專注，但是具有彈性空間。著重於探索的過程，在每一天的分分秒秒中，我們都能開創有助於達成長遠目標的可能方向。

不要固守三、五種方式來達成長期目標，而是每時每刻都發掘獲取利潤的機會——不論是在與對手交談，或與部屬腦力激盪時。

為了遠離危機風暴，我們必須不斷地擬定新的策略，同時調整舊有的計畫。在適應每天商業環境改變的同時，也必須依據情勢的變化修正長遠的進程。這樣在短期內我們不但能維持彈性的作風，從長期來看，對能符合最新經濟環境的彈性理想目標，也有了清楚的概念。我們可將陳腐的策略計畫束之高閣，並且精力充沛、滿懷希望地在朝氣蓬勃的環境中，步調一致地向前邁進。

要做一名希望主義者，無論情況看起來或是實際上有多糟糕，請擦亮眼睛找出其中蘊含的無限希望——永遠不要放棄尋找，因為希望永遠存在。

我相信所有的領導者都負有提供希望的義務，而且不但要替自己，同時也要為雇員指引出一條康莊大道。回想一下生命中你感到最沒有希望的那段時日，那很可能是因為你覺得自己已經走投無路，或者相信自己沒有其他選擇，感到被困住、被放棄、找不到出路。

克服絕望的方式只有一種，就是持續創造出各種可能性以跨越障礙。簡單來說，**希望源自相信有其他選擇的存在**。

傑出的領導者具備能夠應付特定商業狀況的預備方案、創造新市場的機動計畫、應對危機的錦囊妙計，以及為自己與員工發展事業的藍圖。當局勢似乎跌到谷底、無可挽回時，他們就像驍勇善戰的摔跤手一樣，即使被對手壓制在地難以脫身，也永遠不會放棄翻身的任何機會。

憑藉著他們的才能、靈活的身段，以及隨機應變的智慧，他們巧妙地找到空隙並逃脫險境。他們在別無選擇的劣勢下，硬是殺出一條生路。

如果能在一開始就勇於發揮創意，就能夠避免無止境的疲於奔命、挫折與痛苦。

事情看來已到了絕望的地步時，如果我們依然抱持著無窮的希望，就能超越自己所設定的界限，且能提供新的選擇給部屬。所以，我們要勇於在別無選擇中，毅然殺出一條生路。

愛你的父親

第二十一封

知識就是力量，這句話只對一半

一個人越是成功，越不會找藉口。因為藉口是製造失敗的病源。

99%的失敗都是因為人們慣於找尋藉口。

1906 年 4 月 15 日

親愛的約翰：

斯科菲爾德船長（Captain Schofield）又輸了，他輸得有些氣急敗壞，一怒之下把他那根漂亮的高爾夫球桿扔上天，結果他只得再買一支新球桿了。

坦白說，我滿喜歡船長的性格，人生奮鬥的目標就是求勝，打球也是一樣。所以，我決定買一支新球桿送給他，但願這不會被他認為是對他發脾氣的獎賞，否則他一發不可收拾，我可就慘了。

斯科菲爾德船長還有一個為人稱道的優點，儘管輸球會令他不高興，但他認為贏本身並不代表一切，而努力去贏的做法才是最重要的。所以在輸球之後，他從不找藉口。事實上，他可以以年齡太大、體力欠佳來解釋他輸球的理由，為自己討回顏面，但他從來不這樣做。

在我看來，藉口是一種心理疾病，而染有這種嚴重病症的人，無一例外都是失敗者，當然一般人也會有一些輕微的症狀。但是，一個人越是成功，越不會找藉口，處處亨通的人，與那些沒有什麼作為的人之間最大的差異，就在於藉口。

只要稍加留意你就會發現，那些沒有任何作為、也不曾計畫要有作為的人，經常有一籮筐的理由來解釋：為什麼他沒有做到、為什麼不做、為什麼不能做、為什麼不是那樣……失敗者每次的第一個舉動，都是為自己的失敗找出各種理由。

我鄙視那些善於找藉口的人，因為那是懦弱者的行為；我也同情那些善於找藉口的人，因為藉口是製造失敗的病源。

一旦一個失敗者找出一種「好的藉口」，他就會抓住不放，然後總是拿這個藉口對自己和他人解釋：為什麼他無法再做下去、為什麼他無法成功。起初，他還能自知這個藉口多少是在撒謊，但是在不斷重複使用後，他就會越來越相信那完全是真的，相信這個藉口就是他無法成功的真正原因，結果他的大腦就開始怠惰、僵化，讓努力想方設法要贏的動力化為零。但他們從不願意承認自己是個愛找藉口的人。

偶爾，我見過有人站起來說「我是靠自己的努力而成功的」。到目前為止，我還從未見過任何男人或女人，敢於站起來說「我是使自己失敗的人」。失敗者都有一套失敗者的藉口，他們將失敗歸咎於家庭、性格、年齡、環境、時間、膚色、宗教信仰、某個人乃至星象，而最壞的藉口莫過於健康、才智以及運氣。

最常見的藉口，就是健康，一句「我的身體不好」或「我有這樣、那樣的病痛」，就成了不去做或失敗的理由。事實上，沒有一個人是完全健康的，每個人多少都有生理上的毛病。

很多人會完全或部分屈服於這種藉口，但是一心要成功的人則不然。蓋茲先生曾為我引薦過一位大學教授，他在一次旅行中不幸失去一條手臂，但就像我所認識的每一個樂觀者一樣，他還是經常微笑、經常幫助別人。那天在談及他的殘障問題時，他告訴我：「那只是一條手臂而已。當然，兩條總比一條好。但是切除的只是我的手臂，我的心靈還是百分之百完整且正常。我實在要為此感謝。」

有句老話說得好：「我一直在為自己的破鞋子懊惱，直到我遇見一位沒有腳的人。」慶幸自己的健康，比抱怨哪裡不舒服要好得多。為自己擁有的健康感謝，能有效預防各種病痛與疾病。我經常提醒自己：累壞自己總比放著朽壞要好。生命要被享受，如果浪費光陰去擔憂自己的健康而真的想出病來，那才是真正的不幸。

「我不夠聰明」的藉口也很常見，幾乎有九五%的人都有這種毛病，只是程度不同而已。這種藉口與眾不同，它通常默不作聲。人們不會公開承認自己缺少足夠的聰明才智，多半是在內心深處這麼想。

我發現大多數人對「才智」有兩種基本錯誤態度：太低估自己的腦力，和太高估別人的腦力。他們因為這些錯誤，使許多人輕視自己；他們不願面對挑戰，因為那需要相當的才智。認為自己愚蠢的人才是真正愚蠢的人，他們應該知道，如果有一個人根本不考慮才智的問題，而勇於一試，就能夠勝任得很好。

我認為真正重要的，不在於你有多少聰明才智，而是如何使用你已經擁有的智慧。要成為一個好的商人，不需要閃電般的靈敏直覺或非常驚人的記憶，也不需要在學校名列前茅。唯一的關鍵，就是對經商要有強烈的興趣和熱心。興趣和熱心是決定成敗的重要因素。

事情的結果往往與我們的熱心程度成正比。熱心能使事情變好一百倍、一千倍。很多人並不知道什麼叫熱心，所謂熱心就是「這是很了不起的！」這樣的熱情和幹勁罷了。

我相信才智平平的人，如果有樂觀、積極與合作的處世態度，將會比一個才智傑出卻悲觀、消極也不合作的人，賺得更多金錢、贏得更多尊敬，並獲得更大的成功。不論那個人面對的是繁瑣小事、艱鉅任務還是重要計畫，只要他抱著熱忱去完成，成果會遠勝於聰穎但懶散的人。因為，專注與執著占了一個人九五%的能力。有些人總在呻吟感嘆：為什麼很多非常出色人物會失敗呢？我可以讓他們永遠不再嘆息，如果一個絕頂聰明的人，總在用他們驚人的腦力證明事情為何無法成功，而不是用來引導自己的心力，去尋找邁向成功的各種方法，失敗的命運就會找上他們。

消極的思想牽引他們的智力，使他們無法施展身手而一事無成。如果他們能改變心態，肯定就會做出許多偉大的事情。

想成大事卻不懂得思考的大腦，也就是一桶廉價的漿糊而已。

引導我們發揮聰明才智的思考方式，遠比才智的高低重要。即使學歷再高也無法改變這項基本的成功法則。教育程度不是取決業績好壞的確定原因，而是在於思想管理。那些最好的商人從不杞人憂天，而是富有熱忱。**要改善天賦的素質絕非易事，但改善運用天賦的方法卻很容易**。

很多人都迷信於「知識就是力量」。在我看來，這句話只說對了一半。拿才智不足當作藉口的人，也誤解了這句話的意義。知識只是一種潛在的力量，只有將知識付諸應用，而且是建設性地應用，才會顯出它的威力。

在標準石油公司，永遠沒有「字典」式人物的位置，因為我不需要只會記憶、不會思考的「專家」。我要的人是真正能夠解決問題、能想出各種點子的人，是有夢想而且勇於實現夢想的人。有創意的人能為我賺錢，只能記憶資料的人則不能。

一個不以才智為藉口的人，絕不低估自己的才智，也不高估別人的才智。他專注運用自己的資產，發掘他擁有的優異才能。他知道真正重要的不在於他有多少知識，而在於他如何使用現有的智慧，以及如何善用自己的腦力。他會常常提醒自己：我的心態比才智更重要。他有建立「我一定會贏」的態度的強烈渴望。他知道要運用自己的才智積極創造、尋找成功的方法，而不是用來證明自己會失敗。他還知道思考力比記憶力更有價值，用自己的頭腦來創造、發展新觀念，尋找更好的做事方法，隨時提醒自己：我是在用我的心智創造歷史，還是只是在記錄別人創造的歷史？

每一件事的發生必有原因，人類的遭遇也不可能碰巧發生。所以，有很多人總會把自己的失敗怪罪於運氣太差，看到別人成功時，就認為那是因為他們運氣太好。我從不相信什麼運氣好壞，除非我認為精心籌備的計畫和行動叫「運氣」。

如果由運氣決定誰該做什麼，每一份生意都會瓦解。假設標準石油公司要根據運氣來徹底改組，就要將公司所有職員的名字放入一個大桶裡，第一個被抽出的名字就是總裁，第二個是副總裁，就這樣抽選下去。很可笑吧？但這就是運氣的用處。

我從不屈從運氣，我相信因果定律。看看那些似是好運當頭的人，你會發現並不是運氣使然，而是準備、計畫和積極思想為他們帶來美景。再看看那些「運氣不好」的人，你會發現背後都有明確的成因。成功者能面對挫折，從失敗中學習，再創契機。平庸者往往就此灰心喪氣。

一個人不可能靠運氣而成功，而是要付出努力的代價。我不妄想靠運氣獲得勝利等美好事物，所以我集中全力去發展自我，修練出使自己變成「贏家」的各種特質。藉口把絕大多數的人擋在了成功的大門之外，九九%的失敗都是因為人們慣於找尋藉口。所以在追求事業成功的過程中，最重要的一個步驟就是防止自己找藉口。

愛你的父親

第二十二封

誰都能成為大人物

我們要做世上的鹽。人沒有什麼了不起，但沒有什麼比人更了不起的了。

1906 年 6 月 8 日

親愛的約翰：

在《馬太福音》（*Gospel of Matthew*）中記有一句聖言：「你們是世上的鹽。」這個比喻平凡又發人深省。鹽，食之有味，又能清潔物品、防腐。基督想以此教誨他的門徒，告訴他們應該肩負怎樣的使命、發揮怎樣的影響，他們到世上來就是要淨化、美化所生存的世界，讓這個世界免於腐敗，並給予世人更新鮮、更健康的生活氣息。

鹽的首要責任是有鹽味，鹽味象徵著高尚、有力、真正虔誠的宗教生活。那麼，我們應該用我們的財富、原則和信仰做什麼呢？無疑，我們要做世上的鹽，去積極地服務社會，使世人得福。這是每個人的最後一個社會責任。

我們現在的責任，就是完全獻身於周圍的世界和眾人，專心致志於給予的藝術。我想沒有比這個更偉大的了。

談到偉大，我想起了一篇偉大的演講，那是我一生不多見的偉大演講。它告訴我，人沒有什麼了不起，但沒有什麼比人更了不起的了，這要看你為同胞和國家做了什麼。

現在，我就把這篇偉大的演講抄錄給你，希望它能對你大有裨益。

女士們、先生們：

今晚我很榮幸能在這裡會晤一些大人物。儘管你們會說這個城市沒有什麼大人物，大人物都出生在倫敦、舊金山、羅馬或其他大城市，不會出自本地，他們都來自這個城市以外的地方。如果是這樣，你們就大錯特錯了。事實上我們這裡的大人物和其他城市一樣多。在座的聽眾裡面就有許多大人物，有男也有女。

現在，請允許我大膽放言，在判斷一個人是不是大人物時，我們常常犯的最大錯誤就是，總是認為大人物都有一間寬敞的辦公室。但是，我要告訴你們，這個世界根本不知道什麼樣的人是最偉大的人物。

那麼，誰才是世上的偉大人物？年輕人或許會急於提出這樣的問題。我告訴你們，大人物不一定就是在高樓大廈裡擁有一間辦公室的人。人之所以偉大，在於他本身的價值，與他獲得的職位無關。誰能說一個靠吃糧食才能生存的君王，比一個辛勤耕作的農夫更偉大？不過，請不要責備那些位居某種公職，便以為自己將成為大人物的年輕人。

現在，我想請問在座的各位，你們有誰打算做個偉大的人物？

那個戴西部牛仔帽的小夥子，你說你總有一天要成為這個城市的大人物。真的嗎？你打算在什麼時候實現這個心願？

你說在發生另一場戰爭的時候，你會在槍林彈雨中衝鋒陷陣，從旗桿上扯下敵人的旗幟，你將在胸前掛滿勳章，凱旋歸國，擔任政府褒獎給你的公職，你將成為大人物！

不，不會的！年輕人，你這樣做並不是真正的偉大。

但我們不應該責備你的想法，你在上學時就受到這樣的教導，那些擔任官職的人都曾經英勇地參戰。

我記得，美國和西班牙戰爭剛結束時，我們這個城市有過一次和平大遊行。人們告訴我，遊行隊伍走上布洛大街（Blow Street）時，有輛四輪馬車在我家大門口停下來，坐在馬車上的是霍普森先生（Mr. Hobson），所有人都把帽子拋向天空，揮舞著手帕，大聲地叫：「霍普森萬歲！」

如果我當時在場，也會這樣叫喊，因為他應該獲得這份偉大的榮譽。

但是，假設明天我到大學講壇上問大家：「小夥子們，是誰擊沉了梅里馬克號（USS Merrimac）？」如果他們回答：「是霍普森。」那麼他們的回答是八分之七的謊言，因為擊沉梅里馬克號的總共有八個人，另外七個人因為職位的關係，一直暴露在西班牙人的炮火攻擊之下，而霍普森先生身為指揮官，很可能置身於炮火之外。

我的朋友們，今晚在座的聽眾都是知識分子，但我敢說，你們當中沒有一個人說得出與霍普森一起戰鬥的那七個人是誰。

我們為什麼要用這種方式來教授歷史？我們必須教導學生，不管一個人的職位多麼低微，只要盡職盡責，美國人民頒給他的榮耀，應該和頒給一個國王一樣多。

一般人教導孩子的方式都是這樣，有一個小兒子問：「媽媽，那棟高高的建築物是什麼？」

「那是格蘭特將軍（General Grant）的墳墓。」

「格蘭特將軍是什麼人？」

「他是平定叛亂的人。」

歷史怎麼可以這麼教呢？請想一想，如果只有一名格蘭特將軍，戰爭打得贏嗎？當然打不贏。那為什麼要在哈德遜河（Hudson River）上造一座墳墓呢？那不是因為格蘭特將軍本人是個偉人，墳墓之所以建在那裡，是因為他是代表人物，代表了二十萬名為國捐軀的英勇將士，而其中許多人和格蘭特將軍一樣偉大。這就是那座美麗的墳墓聳立在哈德遜河岸邊的真正原因。

我記得一件事，可以用來說明這種情況，這也是我今晚所能想到的唯一一個例子。這件事令我很慚愧，無法將其忘掉。我現在把眼睛閉上，回溯到一八六三年，仍可以看到位於伯克郡山（Berkshire Hill）的老家，看到牛市上擠滿了人，當地的教堂和市政廳也熙來攘往。

我聽到樂隊的演奏聲，看到國旗在飛揚，手帕在空中迎風招展。

我對當天的情景記憶猶新。人群前來迎接一連士兵，而那連士兵也正在列隊前來。他們在內戰中服完一期兵役，又要再延長一期，現在正受到家鄉父老的歡迎。我當時只是個年輕小夥子，但我是那個連的連長。在那一天，我洋洋得意，像個吹足了氣的氣球——只要一根細細的針，就可以將我戳破。我走在隊伍前列，比世上任何一個人都驕傲。

我們列隊走入市政廳，他們安排我的士兵坐在大廳中央，我則在前排就座，接著鎮上的官員列隊從擁擠的人群中走出來。他們走到臺上，圍成半圓形坐下，市長隨後在那個半圓形的位子中央坐下來。他是個老人，頭髮灰白，以前從未擔任過公職。他認為，既然他擔任公職，他就是一個偉大的人物。當他站起來的時候，首先調整了一下他那副很有分量的眼鏡，然後以無比威嚴的架勢環視臺下民眾。突然，他的目光落在我身上，接著這個好心的老人走向我，邀請我上臺和那些鎮上的官員坐在一起。

邀請我上臺！在我從軍之前，沒有一個市府官員注意到我。

我坐在臺前，讓我的佩劍垂在地板上。我雙手抱胸，等待接受歡迎，覺得自己就像是拿破崙五世（Napoleon V）！驕傲總在毀滅與失敗之前出現。

這時，市長代表民眾發表演說，歡迎我們這批凱旋的軍人。

他從口袋裡拿出演講稿，小心翼翼地在講桌上攤開，然後又調整了一下眼鏡。他先從講壇後面退了幾步，然後再走向前。他一定很用心地研究過演講稿，因為他採取了演說家的姿態，將身體重心放在左腳，右腳輕輕向前移，兩肩往後縮，然後張開嘴，以四十五度的角度伸出手。

「各位親愛的市民，」他開口說：「我們很高興歡迎這些英勇參戰的……不畏流血的……戰士回到他們的故鄉。我們尤其高興，在今天看到跟我們在一起的，還有一位年輕的英雄（指的就是我）……這位年輕的英雄，在想像中，我們曾經看到他率領部隊與敵人進行殊死搏鬥。我們看到他那把閃亮的佩劍……在陽光下發出耀眼的光芒，他對著他的部隊大叫『衝鋒』。」

老天呀！這位好心的老頭子對戰爭一無所知。只要他懂一點戰爭，就會知道一件事實：步兵軍官在危險關頭跑到部屬前面是極大的錯誤。他竟然還說我拿著那把在陽光下閃閃發光的指揮刀，對部下大喊：衝鋒！我從來沒有這樣做過。

你們想一想，我會跑到最前面，被前方敵人和後面的己方部隊夾擊嗎？軍官是不應該跑到那個地方去的。在實際的戰鬥中，軍官的位置就在士兵身後。因為我是參謀，所以當叛軍從樹林中衝出，從四面八方向我方攻來時，我總是要騎著馬對我方軍隊一路叫喊：「軍官退後！軍官退後！」然後，每個軍官都會退到戰鬥區後面，而且軍階愈高的人退得愈遠。這不是因為他沒有勇氣，而是因為作戰的規則就是這樣。如果將軍跑到前線，而且被打死了，這場仗也就必輸無疑，因為整個作戰計畫都在他的腦子裡，他必須處在絕對安全的地方。

我居然會拿著「那把在陽光中閃閃發光的佩劍」。啊！那天坐在市政大廳的士兵當中，有人曾冒著死亡風險保護我這個半大不小的軍官，有人揹著我橫渡極深的河流，還有些人並不在場，因為他們為國捐軀了。演講者也曾提到他們，但他們並未受到注意。是的，真正為國捐軀的人卻沒有受到注意，我這個小男孩卻被說成當時的英雄。

我為什麼被當作英雄？很簡單，因為那位演講者也掉進了同樣愚蠢的陷阱。這個小男孩是軍官，其他人只是士兵。我從這裡得到了一個終生難忘的教訓。一個人之所以偉大，並不是因為他擁有某種官銜。他之所以偉大，是因為他以些微的工具創下大業，以默默無聞的平民身分完成了人生目標。這才是真正的偉大。

一個人只要能為大眾提供寬敞的街道、舒適的住宅、優雅的學校、莊嚴的教堂、真誠的訓誡、真心的幸福，只要他能得到當地居民的感謝，無論他到哪裡，都是偉大的。但如果他不被當地居民感謝，那麼不管去到地球的哪個角落，都不會是一個偉大人物。

我希望在座的各位都知道，我們是在有意義的行動中活著，而不是歲月；我們是在感覺中活著，而不是電話按鍵上的數字；我們是在思想中活著，而不是空氣；我們應該在正確的目標下，以心臟的跳動來計算時間。

如果你忘記我今晚所說的話，請不要忘記我下面的話：思考最多、感覺最高貴、行為最正當的人，生活也過得最充實！

愛你的父親

第二十三封

我沒有權利當窮人

手裡每多一分錢，就增加了一分決定未來命運的力量，要讓金錢當我的奴隸，而不能讓自己成為金錢的奴隸。

1906 年 7 月 26 日

親愛的約翰：

有很多悲劇都因偏執和驕傲而引發，製造貧窮的人也是一樣。

許多年前，我在第五大道浸禮會教堂（Fifth Avenue Baptist Church），曾偶遇一位叫漢森（Hansen）的年輕人，一個在節衣縮食中悲慘度日的小花匠。也許漢森自以為堅守貧窮是種美德，他擺出一副品格高尚的樣子對我說：「洛克菲勒先生，我覺得我有責任與你討論一個問題——金錢是萬惡之源，這是《聖經》上說的。」

就在那一瞬間，我知道漢森為什麼與財富無緣了，他從對《聖經》的誤解中獲取人生教誨，卻渾然不覺。

我不希望這個可憐的年輕人在他心胸狹窄的沼澤中越陷越深，我告訴他：「年輕人，我從小就不斷接受各種基督教格言薰陶，且以此作為自己的行為準則，我想你也是一樣。但我的記憶力似乎比你好一些，你忘了，在那句話的前面還有一個字——喜愛，『喜愛金錢是萬惡之源』。」

「你說什麼？」漢森的嘴巴大張，好像要吞下一條鯨魚。真希望他賺錢的胃口能有那麼大。

「是的，年輕人，」我拍拍他的肩頭，說：「《聖經》根源於人類的尊嚴與愛，是對宇宙最高心靈的敬重，你可以毫不畏懼地引用裡面的話，並將生命託付給它。所以，當你直接引用《聖經》的智慧時，你所引用的就是真理。『喜愛金錢是萬惡之源』，正是如此。喜愛金錢只是崇拜的手段，並不是目的。如果你沒有手段，就無法達成目標，也就是說，他只知道當個守財奴，那麼金錢就是萬惡之源。」

「想想看，年輕人，」我提醒漢森：「如果你有了錢，就可以惠及你的家人、朋友，給他們快樂、幸福的生活，更可惠及社會，拯救那些孤苦無助的窮人，那麼金錢就成了幸福之源。」

「年輕人，手裡每多一分錢，就增加了一分決定未來命運的力量，去賺錢吧，」我勸導他：「你不該讓那些偏執的觀念鎖住你有力的雙手，你應該花時間讓自己富裕起來，因為有了錢就有了力量。而紐約充滿了致富的機會，你應該致富，而且能夠致富。記住，小夥子，你雖是塵世間的匆匆過客，卻也要展現一道人生的光亮。」

我不知道漢森能否接受我的規勸，如果不能，我會為他感到遺憾，他看起來很結實，腦袋也不笨。

我一直認為，每個人都應該花時間讓自己富裕起來。當然，有些東西確實比金錢更有價值。當我們看到一座落滿秋葉的墳墓時，就不免感到一種難以言喻的悲傷，因為我知道有些東西的確比金錢崇高。尤其是那些受過苦難的人更能深深體會到，有些東西比黃金更甜蜜、更尊貴、更神聖。然而，有常識的人都知道，那些東西沒有一樣不是用金錢來大幅提升的。金錢不一定萬能，但是在我們這個世界，很多事情離不開金錢！

愛情是上帝給予我們的最偉大之物，但是，擁有很多金錢的情人能使愛情更加幸福，金錢就具有這樣的力量！

一個人若說「我不要金錢」，那就等於是在說「我不想為家人、友人和同胞服務」。這種說法固然荒謬，但要斷絕這兩者的關係同樣荒謬！

我相信金錢的力量，我主張人人都應該去賺錢。然而，宗教對這種想法有強烈的偏見，因為有些人認為，作為上帝貧窮的子民是無上的榮耀。我曾聽過一個人在祈禱會上禱告說，他十分感謝自己是上帝的貧窮子民，我不禁心裡暗想：這個人的太太要是聽到先生這樣子胡言亂語，不知會有何感想？她肯定會認為自己嫁錯了人。

我不想再見到這種上帝的貧窮子民，我想上帝也不願意！我可以說，如果某個原本應該很富有的人，卻因為貧窮而懦弱無能，那他必然犯下了極端嚴重的錯誤；他不僅對自己不忠實、不忠誠，也虧待了他的家人！

我不能說賺錢的多寡可以用來當作人生成功與否的標準，但幾乎毫無例外的是，你可以利用金錢的多寡來衡量一個人對社會所做的貢獻。你的收入越多，貢獻也越多。一想到我已經使無數國民永遠走向了富裕之路，我便自感擁有了偉大人生。

我相信上帝是為他的子民——而不是撒旦之流——才鑄出鑽石。上帝所給我們的唯一告誡是，我們不能在有違上帝的情況下賺錢，或賺取別的東西。那樣做只會讓我們平添罪惡感。要獲得金錢，大量的金錢，無可厚非，只要我們以正當的方法得來，而不是讓金錢牽著我們的鼻子走。

某些人之所以沒有錢，是因為他們不了解錢。他們認為錢既冷又硬。其實錢既不冷也不硬——它柔軟而溫暖，使我們感覺良好，而且在色澤上也能跟我們所穿的衣服相配。

我之所以是我，都是過去的信念創造出來的。坦率地說，當我感覺到人世間因貧窮而疾苦的時候，我就萌發了一個信念：我應該是富翁，我沒有權利當窮人。隨著時間的推移，這個信念變得猶如鋼鐵般堅硬。

在我小的時候，正是拜金思想神聖化的時期，當時數以萬計的淘金者懷著發財夢，從各方向拚命湧進加州。儘管事後發現那場淘金熱只是個圈套而已，它卻大大激起了數百萬人的發財欲望，這其中就包括我——一個只有十多歲的孩子。

那時我的家境窘迫，時常要接受好心人伸出的援手。我的母親是一個自尊心強的人，她希望我能肩負起作為長子的職責，好好地建立家庭。母親的渴望與教誨，養成了我一種終生不變的責任感，我立下誓言：我不能淪為窮人，我要賺錢，我要用財富改變家人的命運！

在我少年時代的發財夢中，金錢對我而言，不只是讓家人過上富足無憂生活的工具，而是透過給予——明智地花錢更能換來道德上的尊嚴，這些東西遠比豪華、氣派的住宅和美麗、漂亮的服飾更令我激動不已！

我對金錢的理解，堅定了我要賺錢、成為富人的信念，而這個信念又給予了我無比的鬥志去追逐財富。

我的兒子，沒有比為了賺錢而賺錢的人更可憐、更可鄙的了，我懂得賺錢之道：**要讓金錢當我的奴隸，而不能讓自己成為金錢的奴隸**。我就是這樣做的。

愛你的父親

第二十四封

勤奮出貴族

財富是意外之物，是勤奮工作的副產品。
勤奮是為了自己，不是為了別人，我們的財富是對自己勤奮的嘉獎。

1907 年 1 月 25 日

親愛的約翰：

很高興收到你的來信，在你的信中有兩句話很讓我欣賞，一句是「你要不是贏家，就是在自暴自棄」，一句是「勤奮出貴族」。這兩句話是我不折不扣的人生座右銘，如果不自謙的話，我願意說，它正是我人生的縮影。

那些不懷好意的報紙，在談到我創造的巨額財富時，常把我比喻為一臺很有天賦的賺錢機器。其實他們對我幾乎一無所知，更對歷史缺乏洞見。

作為移民，滿懷希望和勤奮努力是我們的天性。而我尚在孩童時期，母親就將節儉、自立、勤奮、守信和不懈的創業精神等美德植入了我的骨髓。我真誠地篤信這些美德，將其視為偉大的成功信條。直到今天，我的血液中依然流淌著這些偉大的信念。而所有這一切結成了我向上攀爬的階梯，將我送上了財富之山的頂端。

當然，那場改變美國人民命運與生活的戰爭，讓我獲益匪淺。真誠地說，它將我造就成了令商界嘖嘖稱奇而又望而生畏的商業巨人。是的，南北戰爭給予了人們前所未有的巨大商機，它把我提前變成了富人，使我在戰後掀起、搶奪機會的競技場上獲勝，獲得資本支援，後來才能財源滾滾。

但是，機會和時間一樣是平等的，為什麼我能抓住機會成為巨富，而很多人卻與機會擦肩而過、不得不與貧困為伍？難道真的像詆毀我的人所說，是因為我貪得無厭嗎？不！是勤奮！機會只留給勤奮的人！自我年少時，我就篤信一條成功法則：**財富是意外之物，是勤奮工作的副產品**。每個目標的達成都來自勤奮的思考與行動，實現財富夢想依然如此。

我極為推崇「勤奮出貴族」這句話，它是讓我永生敬意的箴言。無論過去或現在，無論是在我們立足的北美還是在遙遠的東方，那些享有地位、尊嚴、榮耀和財富的貴族，都有一顆永不停息的心、一雙堅強有力的臂膀，在他們身上凸顯了毅力和頑強意志的光芒。而正是這樣的品質，或稱為財富，讓他們成就了事業、贏得了尊崇，成為頂天立地的人物。

約翰，在這個無限變幻的世界中，沒有永遠的貴族，也沒有永遠的窮人。就像你所知道的那樣，在我小的時候，我穿的是破衣爛衫，家境貧寒到要靠好心人來接濟。但今天我已擁有一個龐大的財富帝國，將巨額財富注入慈善事業之中。數種盛衰起伏變幻如滄海桑田，生生不息。出身卑賤和家境貧寒的人，透過勤奮工作、執著的追求和智慧，同樣能功成名就、出人頭地，成為新貴族。

一切尊貴和榮譽都必須靠自己的創造去獲取，這樣的尊貴和榮譽才能長久。但在今天這個社會，富家子弟處在一種不進則退的情況之下。不幸的是，他們之中很多都缺乏進取精神，卻好逸惡勞，揮霍無度，以至有很多人雖在富裕的環境中長大，卻不免在貧困中死去。

所以，你要教導你的孩子，要想在與人生風浪的打鬥中完善自己、成就自己，享受成功的喜悅，贏得社會的尊敬，高歌人生，只能憑自己的雙手去創造；要讓他們知道，榮譽的桂冠只會戴在那些勇於探索的人頭上；告訴他們，勤奮是為了自己，不是為了別人，他們是勤奮的最大受益者。

我自孩提時代就堅信，沒有辛勤的耕耘就不會有豐碩的收穫。作為貧民之子，你只能靠勤奮獲得成功、贏得財富與尊嚴，別無他法。上學時，我不是個一教就會的學生，但我不甘人後，所以我勤奮地準備功課，並持之以恆。我十歲時就知道要盡我所能地多幹活，砍柴、擠奶、打水、耕種，我什麼都幹，而且從不惜氣力。正是農村艱苦而辛勞的歲月，磨練了我的意志，使我能夠承受日後創業的艱辛；也讓我變得更加堅忍不拔，塑造了我堅強的自信心。

我知道，我之所以在後來身陷逆境時總能泰然處之，包括獲得成功，在很大程度上都得益於自小建立的自信心。勤奮能修練人的品格，更能培養人的能力。我受雇於休伊特—塔特爾公司時，我就獲得了具備非同一般的能力和出眾年輕簿記員的名聲。在那段日子裡，我可謂終日披星戴月、夜以繼日。當時我的雇主對我說：「以你這非凡的毅力，你一定會成功。」儘管我不明白將來會是什麼樣子，但有一點我相信，只要我用心去幹一件事，我絕不會失敗。

在今日，儘管已年近七十，但我依然於商海之中搏鬥著，因為我知道，結束生命最快的方式就是什麼也不做。人人都有權利選擇把退休當作開始或結束。那種無所事事的生活態度會使人中毒。我始終將退休視為再次出發，一天也沒有停止過奮鬥，因為我知道生命的真諦。

約翰，我今天的顯赫地位和巨額財富，不過是我付出比常人更多的勞動和創造換來的。我原本是普普通通的常人，沒有頭上的桂冠，但我以堅強的毅力、頑強的耕耘，孜孜以求，終於功成名就。我的名譽不是虛名，是血汗澆鑄的王冠，些許淺薄的嫉恨和無知的淺薄，都是對我的不公平。我們的財富是對自己勤奮的嘉獎。讓我們堅定信念，認定目標，憑著對上帝意志的信心，繼續努力吧，我的兒子。

愛你的父親

第二十五封

平息一場華爾街金融恐慌

巨大的財富也是巨大的責任。我沒有將自己視為英雄，更沒有自命不凡，只有傻瓜才會因為有錢而自命不凡。

1907 年 11 月 20 日

親愛的約翰：

非常高興，一場險些釀成國難的金融危機終於過去了！現在，我想我們那位合眾國總統希歐多爾．羅斯福（Theodore Roosevelt，老羅斯福），可以到路易斯安那繼續心安理得地打獵了，儘管他在這場危機中表現出令人吃驚的無能。當然，總統並非什麼都沒有做，他用「擔憂」支持了華爾街。上帝呀！我們納稅人真是瞎了眼，竟然把這麼一位紐約混混送進了白宮。

坦白說，一提到羅斯福的名字，想起他對標準石油公司所做的一切，就令我憤慨。他是我見過最狹隘、報復心最重的小人。是的，這個小人得逞了，用他手中的大權，成為由他自己策動的一場不公平競賽的勝者，讓聯邦法院開出了那張美國歷史上前所未有的巨額罰單，並下令解散我們的公司。看看這個卑鄙的人對我們做了什麼！然而，我相信，他所謂的懲戒終歸不會得逞，反倒會使他感到大為懊喪，因為我相信我們這些公司不是垃圾，我們有傑出的管理隊伍、充足的資金，可以抵禦任何風險與打擊，財富將因公司結構健康而滾滾而來。等著瞧吧！我們會有暗自竊喜的時候。

但是，我們的確受到了傷害，且受到極不公正的對待。羅斯福指責我們，說我們是擁有巨富的惡人，那位法官大人侮辱我們，說我們是臭名昭著的竊賊，好像我們的財富是密謀掠奪來的。錯！那些愚蠢的傢伙毫不知悉大企業是如何建立起來，他們也不想知道。我們的每一分錢都滲透著我們的智慧，每前進一步都付出了汗水，事業大廈的基石由我們的生命奠基。但他們不想聽，卻要像偏執狂一樣，只相信他們自己低能的判斷，帶著侮辱性地貶低自身經商才能，更無視是我們用最廉價、最優質的煤油照亮了美國的事實。

我知道，羅斯福手中的長劍一定將揮舞到大有斬獲為止，因為他拒絕了我們和解的建議。但我無所畏懼，因為我問心無愧，而最壞的結果只不過是他用手中的強權，拆散我們輝煌而快樂的大家庭而已，但快樂不會停止，輝煌也不會落地。建立在現實基礎上的未來將證明這一切。

毫無疑問，我們正在經受著前所未有的迫害——來自羅斯福政府的迫害。但是，我們不能感情用事，不能用憤怒壓制良知。當危機來臨時，我們永遠不能袖手旁觀，那會讓我們感到恥辱和良心不安，我們應該挺身而出。因為我們是合眾國的公民，有使國家和同胞免於災難的職責。而作為富人，我知道，巨大的財富也是巨大的責任，我肩負著造福人類的使命。

這次金融危機席捲華爾街，處於恐慌之中的存款人排起長長的隊伍，要從銀行取走存款，出現擠兌（按：許多人爭先恐後到金融機構兌取現金）。一場將導致美國經濟再次進入大蕭條的危機來臨時，我預感到國家已陷入雙重危機：政府缺乏資金，民眾缺乏信心。

此時此刻，「錢袋先生」（Mr. Moneybag）必須要為此做些什麼，我打電話給斯通先生（Mr. Stone），請美聯社（Associated Press）引用我的話，告訴美國民眾：我們國家從不缺少信用，金融界的有識之士更以信用為生命，如果有必要，我情願拿出一半的證券來幫助國家維持信用。請相信我，金融地震不會發生。

感謝上帝，危機已經過去，華爾街已經走出了困境。

而我為這一刻的到來，做了我該做的事情，就像《華爾街日報》評論的那樣：「洛克菲勒先生用他的聲音和巨額資金幫助了華爾街。」只是，有一點我永遠都不會讓他們知道，就是在克服這次恐慌時，我是從自己錢袋裡拿最多錢出來的人，這令我非常自豪。

當然，華爾街能成功度過此次信用危機，摩根先生可謂功勳卓著。他是這場戰爭不折不扣的指揮官，他將一群商界名士聚集起來共同應對危機，用他不可替代的金融才能和果決個性拯救了華爾街。所以我說，美國人民應該感謝他，華爾街的人應該感謝他，羅斯福更應該感謝他，因為摩根替他做了他本該做卻因無能而沒做的事。

如今，很多人，當然還有報紙，都對慷慨解囊的人們大加讚譽，但在我這裡它一文不值。良心的平靜才是唯一可靠的報酬，國難當頭，我們本該當仁不讓、勇於承擔。我想那些真誠伸出援手的人們同我一樣，我們只是想用自己的力量、信仰與忠誠照耀我們的祖國。

但我並非沒有可恥的紀錄。在四十六年前，當許許多多美國青年聽從祖國召喚，忠誠奔赴前線，為解放黑奴、維護聯邦統一而戰的時候，同樣作為青年，我卻以公司剛剛開業、我的家人要靠它活著為由，未去參戰。

這似乎是一個讓人心安理得的理由，但那時國家需要我，需要我們流血。這件事一直讓我的良心不安，直到十幾年前那場經濟危機的到來，我才有得到救贖的機會。當時，聯邦政府無力保證黃金儲備，華盛頓轉而向摩根求助，但摩根無能為力，是我拿出巨資助政府一臂之力，才平息了那場金融恐慌。這讓我非常高興，比賺多少錢都令我高興。

但我沒有將自己視為英雄，更沒有自命不凡，只有傻瓜才會因為有錢而自命不凡。因為我是公民，我知道，我擁有巨大財富，也因它而承擔著巨大的公共責任，比擁有巨大財富更崇高的是，按照祖國的需要為祖國服務。

約翰，我們是有錢，但在任何時候，我們都不該肆意花錢，我們的錢只用在給人類創造價值的地方，而絕不能給任何有私心的人一點點好處。當然，我們也絕不再為共和黨人捐款助選，那個羅斯福已經把我們害苦了。

名譽和美德是心靈的裝飾，如果沒有心靈，即使肉體再美，也不應該將其視為美。

愛你的父親

第二十六封

尾聲，是一個新夢的開始

在競爭中，首先發現對方弱點並狠命一擊的人，常常是勝者。大多數人會失敗，不是因為犯錯，而是因為沒有全心投入。

1908 年 8 月 31 日

親愛的約翰：

安德魯・卡內基又接受了記者的專訪。我一直搞不明白，他為什麼總喜歡在報紙上拋頭露面。我猜想他一定是患了恐懼遺忘症，唯恐人們忽視他的存在。

但我還是欣賞這個常與我爭風頭的傢伙，因為他勤奮、雄心勃勃，像個不知疲倦的鐵漢，總將向前走視為他第一、第二、第三重要的事情；也許正是因此，當被問及他的成功祕訣時，他才會告訴記者說：尾聲只是開始（the end is just the beginning）。

真是難以置信，這個鐵匠怎麼會說出如此精闢的話。我相信這個短句很快就會傳播出去，或者卡內基先生也會因此得到商界哲學家的頭銜。事實上，他值得人們這樣稱道，能將自己成功的一生濃縮成一個短句，不正是表現了這位商業巨人的非常智慧嗎？

不過，卡內基只給出了一個成功者的致勝公式，卻沒有給出其中的演算過程。看來這個傢伙就是不能改變自私的本性，總怕別人窺見他成功的祕密。我倒想試著替那個鐵匠解一解那個公式，但你不要外傳；否則，他會因我洩密，在聖誕節時就不光送我威士忌了，一定還會送來雪茄。他知道我滴酒不沾，更知道我是個禁煙主義者。這個有趣的傢伙。

「尾聲只是開始」，在我看來，這名鐵匠在試圖表明，成功是一個不斷繁衍的過程，就像一頭多產的母牛，生下一頭小牛之後，馬上又懷上了另一頭，如此往復，生生不息。尾聲是一段路程的最後一站，又是新夢的開始。每一個偉大的成功者，都是用一個個小的成功把自己堆砌上去的。他們用尾聲歡慶夢想的實現，又用尾聲歡送新夢上路，這就是創造偉大成就的人都擁有的特質。

但是，要如何開始新夢想？卡內基「忘」了說，而這恰恰是能否順利衝到最後一站的關鍵，更是開始下一個新夢的關鍵。其實，答案很簡單，那就是從一開始就要千方百計地掌握優勢。我的經驗告訴我，有三種策略能讓我擁有優勢。

第一個策略：一開始就要下決心，關注競爭狀況和競爭者的資源。這點表示我要注意自己和別人都擁有什麼，也表示要了解降低機會的基本面。從事新事業時，在了解整個狀況之前，不應該採取初步行動，成功的第一步是了解達成目的所需的資源在哪裡、數量有多少。

從一開始，我就設法預測會出現什麼樣的機會，當它出現的時候，我會像獅子一樣撲向它。而且我還知道，「最好」是「好」的敵人。很多人總喜歡追求「最好」，而放棄「好」的東西。這並不是聰明的策略，因為好總是勝過不好。而現實是，理想的機會很少送上門，大部分的機會通常不盡理想，但是，雖然那些機會有不足之處，卻絕對遠勝過完全沒有機會。

第二個策略：研究和檢討對手的情況，然後善用這種知識來形成自己的優勢。了解對手的優點、弱點、做事的風格和性格特點，總能讓我在競爭中擁有優勢。當然，我也要知道自己是誰。我用了這個策略，就曾經讓那個「尾聲只是開始」的發明者卡內基甘拜下風。

卡內基是當之無愧的鋼鐵巨人，挑戰他就如同挑戰死亡。但是他的弱點卻能幫上對手的大忙。他固執己見，也許是他的錢包太鼓了，總喜歡俯視、低估別人。他不把我放在眼裡，愚蠢地認為石油行業才是我的舞臺，而且他固執地認為只有愚蠢的人才會去幹採礦這一行，因為他認為礦石的價格太過低廉，而且礦石取之不盡。

所以，當我投資採礦業時，他幾乎逢人就不忘譏諷我，說我對鋼鐵業一竅不通，是全美最失敗的投資者。事實上，卡內基是個只能看到山腰，卻望不到山頂的人，他不知道「價格」並不神聖，重要的東西是「價值」。如果不能控制採礦業，他那些引以為豪的煉鋼廠就只能視為一堆廢鐵。

在別人不把你看為對手的時候，就是你為未來競爭賺得最大資本的時候。所以，從一開始我便放心大膽地全面投資。衝動勝過慎重，很快這個高傲的鐵匠就發現，那個「以最差投資者聞名於世的人」控制了鐵礦業，成為全美最大的鐵礦生產商，一舉取得支配地位，要與他分庭抗禮。他坐不住了，只能低聲下氣地向我求和。

在競爭中，首先發現對方弱點並狠命一擊的人，常常是勝者。

第三個策略：你必須擁有正確的心態。從一開始，你必須下定決心，追求勝利，這表示你必須在道德的限制下，表現得積極無情，因為這種態度直接來自殘忍無情的目標。

既然決心追求勝利，就必須全力以赴。也只有全力以赴才有輝煌的成就。在競爭開始時更應如此。說得好聽一點，這是努力取得早期的優勢，希望建立獨占的地位；說得難聽一點，付出努力等於讓別人減少一個機會。而與此同時，我們還要積極而勇猛，要有吞下鯨魚的膽量。我相信，只有勇士能成為有天賦的競爭者，這是千古不變的規律。

在《新約聖經》（*New Testament*）裡，使徒保羅（Paul）說：「如今常存的有信，有望，有愛這三樣，其中最大的是愛。」在實現每一個新夢想的初期，最重要的是追求勝利的決心。沒有追求勝利的態度，關注競爭狀況和了解對手沒有什麼作用。獲得知識、保持控制力、評價競爭狀況，正是讓你建立信心，協助你達成追求勝利最高目標的東西。

看看那些失敗的人，你就會發現，大多數人會失敗，不是因為犯錯，而是因為沒有全心投入，企業也是一樣。

約翰，別忘了卡內基那句即將廣為傳誦的名言：尾聲只是開始。當然，還有我那三個策略。

哦，我不是在營救一個不需要營救的謀略家吧。

愛你的父親

第二十七封

用天鵝絨，沒辦法磨利一把刀

除非你放棄，否則你就不會被打垮。世界上沒有一樣東西可取代毅力。

有太多人高估他們所欠缺的，卻又低估了他們所擁有的。

1909 年 2 月 12 日

親愛的約翰：

今天是偉大的一日！

今天，合眾國上下懷著一種特有的感念之情，來紀念那顆偉大又罕有的靈魂——無愧於上帝與人民的前總統亞伯拉罕．林肯（Abraham Lincoln）。我相信林肯受之無愧。

在我的記憶中，沒有誰比林肯更偉大。他編織了一段合眾國成功而又令人動容的歷史。他用不屈不撓的精神、勇氣與寬厚仁愛之心，使四百萬最卑下的黑奴獲得解放，同且擊碎了兩千七百萬名有色人種靈魂上的枷鎖，結束了因種族仇恨而使靈魂墮落、扭曲和狹隘的罪惡歷史。他避免了國家被毀滅的災難，將不同語言、宗教、膚色和種族組合成為一個嶄新的國家。合眾國因他而獲得自由，幸運地踏上正直公平的康莊大道。

林肯是十九世紀最偉大的英雄。今天，在他百年誕辰之際，舉國上下追思他為合眾國所做的一切，就是一個最好的證明。

然而，當我們重現並感激他的光輝偉業之時，我們更應汲取並擴大其人生所具的特殊教益——執著的決心與勇氣。我想我們紀念他的最好方式，就是效法他，讓他從不放棄的精神光照美國。

在我心中，林肯永遠是不被困難嚇倒、不屈不撓的化身。他生下來就一貧如洗，曾被趕出家園，第一次經商就失敗，第二次經商敗得更慘，以致用去十幾年的時間他才還清債務。他的從政之路同樣坎坷，他第一次競選州議員就蒙受失敗，並丟掉了工作。幸運的是，他第二次競選成功了，但接下來又遇到喪失親人的痛。然而，他依然沒有灰心，此後競選他曾六度失敗，但每次失敗過後他仍然力爭上游，直至當選美國總統。

每個人都有歷盡滄桑、飽受無情打擊的時候，卻很少有人能像林肯那樣百折不回。每次競選失敗過後，林肯都會激勵自己：「這不過是滑了一跤而已，不是死了爬不起來了。」這些詞彙是克服困難的力量，更是林肯最終享有盛名的利器。

林肯的一生書寫了一個偉大的真理：除非你放棄，否則你就不會被打垮。

功成名就是一連串的奮鬥。那些偉大的人物，幾乎都受過一連串的無情打擊，他們每個人都險些宣布投降，但因為他們堅持到底，最終獲得了輝煌的成果。例如偉大的希臘演說家狄摩西尼（Demosthenes），他因為口吃，生性害臊羞怯。他父親死後留下一塊土地，希望他能過上富裕的生活，但當時希臘的法律規定，他必須在聲明擁有土地之權前，先在公開辯論中贏得所有權。很不幸，因為口吃加上害羞使他慘敗，結果喪失了那塊土地。但他沒有被擊倒，而是發憤努力戰勝自己，結果他創造了人類空前未有的演講高潮。歷史忽略了那位取得他財產的人，但幾個世紀以來，整個歐洲都記得一個偉大的名字──狄摩西尼。

有太多人高估他們所欠缺的，卻又低估了他們所擁有的，以致喪失了成為勝利者的機會。這是個悲劇。

林肯的一生就是化挫折為勝利的偉大見證。沒有不經失敗的幸運兒，重要的是不要因失敗而變成一個懦夫。如果我們盡了最大努力仍然不達目的，所應做的就是汲取教訓，力求在接下來的努力中表現得更好，這樣就夠了。

坦白說，我無心與林肯總統比較，但我也與他共享些許的精神。我痛恨生意失敗、失去金錢，但是我真正關心的是，我害怕在以後的生意中，會因太謹慎而變成懦夫。如果真是那樣，那我的損失就更大了。

對一般人而言，失敗很難使他們堅持下去，而成功則容易繼續下去。但在林肯那裡是個例外，他會利用種種挫折和失敗，驅使他更上一層樓。因為他有鋼鐵般的毅力。他有一句話說得好：「你無法在天鵝絨上磨利剃刀。」（You can't sharpen your razor on a velvet.）

世界上沒有一樣東西可取代毅力，才幹也不可以。懷才不遇者比比皆是，一事無成的天才很普遍；教育也不可以，世上充滿了學無所用的人。只有毅力和決心無往不利。

當我們繼續邁向高峰時，必須記住：每一級階梯都供給我們足夠的時間，讓我們再踏上更高一層，它不是供我們休息之用。我們在途中不免疲倦與灰心，但就像一名拳擊手所說，你要再戰一回合才能得勝。碰到困難時，我們要再戰一回合。每一個人的內在都有無限的潛能，除非我們知道它在哪裡，並堅持使用它，否則就毫無價值。

偉大的機會不假外求，然而，我們得努力工作才能把握它。俗語說：「打鐵趁熱。」說得沒錯。毅力與努力都很重要。每一個「不」的回答都使我們愈來愈接近「好」。「黎明之前總是最黑暗」，這句話並非口頭禪，我們努力工作發揮技巧與才能時，成功的一天終會到來。

今天，我們在感激、讚美林肯總統的時候，別忘了要用他一生的事蹟來激勵自己。

即使這樣做了之後，我們頂天立地的一天仍未到來，我們依然是個大贏家。因為我們已經有了知識，也懂得面對人生，那是更大的成功。

愛你的父親

第二十八封

拒絕責難，拒絕推諉

自責是一種最陰險狡猾的責難陷阱，自己越強大，別人的影響力就會越小。

1910 年 7 月 24 日

親愛的約翰：

如果我說，一直不甘示弱、以為自己是世界第一富豪的安德魯・卡內基來拜訪我，並向我討教了一個非常嚴肅的問題，你會不會感到驚訝？事實上，那位偉大的鐵匠正是這麼做了。

兩天前，卡內基來到我們的基奎特（按：Kykuit，洛克菲勒莊園的主樓，原文錯拼為Kikwit）。或許是我笑容可掬的態度，和我們輕鬆的談話氣氛，融化了卡內基鋼鐵般的自尊，讓他放下架子問我：「約翰，我知道你領導著一群很能幹的人。不過，我不認為他們的才幹不可匹敵，但令我疑惑的是，他們似乎無堅不摧，總能輕鬆擊敗競爭對手。我想知道，你究竟施了什麼魔法，讓他們得以擁有那種精神？難道是金錢的力量？」

我告訴他，金錢的力量當然不可低估，但責任的力量更是巨大。有時候，行動並非源自想法，而是源自攬起責任。標準石油公司的人都有負責精神，都知道「我的責任是什麼，我做什麼可以把事情做得更好」。但我從不高談闊論責任或義務，我只是透過自己的領導方式來創造具有責任感的企業。我以為這個話題到此就應該結束了，但我的回答顯然挑動了卡內基的好奇心，他很認真地追問：「約翰，那你能告訴我你是怎麼做到的嗎？」

看著卡內基謙遜的神態，我無法拒絕，我必須如實相告。我告訴他，如果我們想要永續生存，那這樣的領導方式就意味著，我們必須斷然拒絕為了任何理由去責難任何一個人或一件事。責難就如同一片沼澤，一旦失足跌落進去，你便失去了立足點和前進方向，你會變得動彈不得，陷入憎恨和挫折的困境之中。結果只有一個：失去部屬的尊重與支持。一旦落到這步田地，那你就好比一個將王冠拱手讓人的國王，無法再主宰一切。

我知道責難是摧毀領導力的頭號敵人，還知道在這個世界上沒有常勝將軍，不管是誰都將遭遇挫折和失敗。所以，當問題出現時，我不會感到憤恨不滿，我只會想：要怎麼讓情勢好轉、採取什麼行動可以補救或修復失誤，積極地選擇朝向更高的生產力和滿意度前進。

當然，我不會放過我自己。當壞事降臨在我們身上時，我會先停下來問自己：「我的職責是什麼？」回歸原點，藉著對自身角色做完全坦誠的評估，可以避免窺探他人做了什麼，或是要求其他人改變或做無意義的行為。事實上，只有將焦點專注在自己身上，我才能將無意中拱手讓出的王冠重新收回。

但是，分析自己的職責是什麼並不意味著自責。自責是最陰險狡猾的責難陷阱，諸如「那真是一個愚蠢的錯誤！」等自我責難，只會使我陷入與其他責難相同，憤恨與不滿的圈套之中。事實上，「我的職責是什麼」是一種具有強大分析力和自我肯定的步驟。當我知道真正的問題不是他們應該要做什麼，而是我應該要做什麼時，我不會自怨自艾，而只會讓自己更強大。自己越強大，別人的影響力就會越小，看來這不是件壞事。

如果我能將每一個阻礙視為了解自己的一個機會，而非斤斤計較他人對我做了什麼，那就能在領導危機的高牆外找到出路。

當然，我從不把自己視為救世主，也沒有救世主的心態。我自問：我在哪些方面應為自己負責；也自問：在哪些方面，部屬們要為我負責。領導者的工作並非全知全能、全權負責。如果我視自己為英勇的正義使者，準備去拯救這個世界，那就只會讓自己陷入領導危機之中。我的責任中，很大一部分是讓其他人承擔自己該負的責任。如果一個雇員對於事關自己切身利益的事情都不在乎的話，我不相信這樣的雇員對出色完成工作會有強烈的渴望，那他就應該離開，改為別人服務了。

感覺責任在肩的那種壓力能讓人不自覺地興奮起來。沒有一件事像個人的責任感一樣，可以激發並強化做事的能力，而將重責大任託付給部屬，並讓他了解我對他充分信任，無疑是對他最大的幫助。所以，我不會將部屬必須且能夠負擔的責任攬在自己身上。

我不只光靠示範來營造公司的氛圍與風氣，我的部屬都知道我的基本原則：在標準石油公司沒有責難、沒有藉口！這是我堅持的理念，每一個人都知道。我不會因為他們犯錯而懲罰他們，但是我絕不能容忍不負責任的行為。我們的信念就是要徹底奉行。我們的箴言是支持、鼓勵和尊重將被全心接受與加倍頌揚。只會找藉口而不提供解決方式，這是標準石油公司無法容忍的。

我們很少犯錯，因為我的大門隨時為部屬敞開，他們可以提出高見，或是純粹發牢騷，但是要用負責任的方式去做。這樣的結果會讓我們彼此信任，因為我們了解所有的事都需要攤在陽光下討論。

卡內基是位優秀的老學生，他沒有讓我浪費時間，在我結束這個話題時，他說：「在抱怨聲中，優秀的雇員也會變成烏合之眾！」他真是聰明。

約翰，幾乎所有人都有推諉真正責任的防禦心理，以致推諉責任的現象處處可見，貽害無窮。避免防禦的方法就是開始傾聽。

領導者最大的挑戰在於，要如何創造一個能讓人們覺得，開誠布公會比隱藏實情來得舒適的環境。主動邀請其他人陳述他們的想法，用「再多說一點」、「我真的想聽聽你的意見」的話語來鼓勵他們說出自己的想法。和一般人所相信的相反，在對話中，聆聽者才是擁有權力的人，而非陳述者。

難以置信吧？想想看，陳述者的語調、焦點還有內容，事實上都取決於你傾聽的方式。試想，和一個面露敵意、肢體呈現侵略性姿態的人，以及一個對你表示全神貫注的人說話時，兩者之間的差異。當你單純聆聽其他人說話時，就會自然地卸下防衛。你會得到以下好處：對有攻擊性或憤怒的語言的背後隱含的議題，會有更透徹的了解；你可以得到更多的資訊，而這些資訊可以改變你對整個事件來龍去脈的假設；你也會有更多的時間來整理思緒。

陳述者會覺得你重視他的觀點。最令人興奮的是，當你專注傾聽之後，原來的陳述者也會更願意聆聽你的意見。真實的傾聽是不具任何防禦性的。即使你不喜歡該資訊，也應該傾聽了解，而非立即做出回應。專注地傾聽不太像是一種技巧，比較像是一種態度。滑雪的人在遭遇障礙時，每一秒鐘都會投入百分之百的注意力，絕對不會分神去思考過一會兒他要對夥伴說什麼；同樣的，作為一名積極的傾聽者，你貢獻百分之百的注意力給另外一個人，不會出現想到什麼就脫口而出的情況。如此一來，你去除了先入為主的觀念，並敞開胸襟，開創一段更有意義也更有效果的對話。

長久以來，我們塑造了生活，也塑造了自己。這個過程將會持續下去，我們最終都將為自己的選擇負責。就如目的決定你的方向，拒絕責難將築出一條實現目標的大道。

愛你的父親

第二十九封

教一個人捕魚，能供養他一生

智慧之書的第一章，也是最後一章，即為「天下沒有白吃的午餐」。

1911 年 3 月 17 日

親愛的約翰：

我已經注意到那則指責我吝嗇、說我捐款不夠多的新聞了，這沒什麼。我被那些不明就裡的記者罵得夠多了，已經習慣了他們的無知與苛刻。我回應他們的方式只有一個：保持沉默、不加辯解，無論他們如何口誅筆伐。因為我清楚自己的想法，堅信自己站在正確的一方。

每個人都需要走自己的路，重要的是要問心無愧。有一個故事或許能夠解釋，為什麼我很少理會那些乞求我出錢來解決他們個人問題的人，也更能解釋為什麼讓我出錢比讓我賺錢更令我緊張。這個故事是這樣說的：

有一家農戶圈養了幾頭豬。一天，主人忘記關圈門，便給了那幾頭豬逃跑的機會。經過幾代以後，這些豬變得越來越凶悍，開始威脅經過那裡的行人。幾位經驗豐富的獵人聽聞此事，很想為民除害，捕獲它們。但是，這些豬卻很狡猾，從不上當。

約翰，當豬開始獨立的時候，都會變得強悍和聰明。

有一天，一個老人趕著一頭拖著兩輪車的驢子，車上拉著許多木材和糧食，走進了野豬出沒的村莊。當地居民很好奇，就向前問那個老人：「你從那裡來，要幹什麼？」老人告訴他們：「我來幫助你們抓野豬呀！」眾人一聽就嘲笑他：「別鬧了，連優秀的獵人都做不到的事，你怎麼可能做到？」但是，兩個月以後，老人回來告訴那個村子的村民，野豬已經被他關在山頂上的圍欄裡了。

村民們再次驚訝，追問那個老人：「真的嗎？真不可思議，你是怎麼抓住牠們的？」

老人解釋：「首先，我去找野豬經常出來吃東西的地方。然後我在空地中間放一些糧食作為陷阱的誘餌。那些豬起初嚇了一跳，最後還是好奇地跑過來聞糧食的味道。很快，一頭老野豬吃了第一口，其他野豬也跟著吃起來。這時我知道，我肯定能抓到它們。

「第二天，我又多加了一點糧食，並在幾尺遠的地方豎起一塊木板。那塊木板像幽靈般暫時嚇退了牠們，但是那白吃的午餐很具誘惑，所以不久牠們又跑回來繼續大吃。

當時野豬並不知道牠們已經是我的了。此後我要做的就是每天在糧食周圍多豎起幾塊木板，直到我的陷阱完成為止。

「然後，我挖了一個坑，立起第一根角樁。每次我加進一些東西，牠們就會遠離一段時間，但最後都會回來吃免費的午餐。圍欄造好了，陷阱的門也準備好了，而不勞而獲的習慣使牠們毫無顧慮地走進圍欄。這時我就出其不意地收起陷阱，那些白吃午餐的豬就被我輕而易舉地抓到了。」

這個故事的寓意很簡單，一隻動物要靠人類供給食物時，牠的機智就會被取走，接著牠就麻煩了。同樣的情形也適用於人類。如果你想使一個人殘廢，只要給他一副拐杖，再等上幾個月就能達到目的；換句話說，如果在一定時間內，你給一個人免費的午餐，他就會養成不勞而獲的習慣。別忘了，每個人在娘胎裡就開始有「被照顧」的需求。

是的，我一直鼓勵你要幫助別人，但是就像我經常告訴你的那樣，**如果你給一個人一條魚，只能供養他一天，但是你教他捕魚的本領，就等於供養他一生**。這個關於捕魚的老話很有意義。

在我看來，資助金錢是一種錯誤的說明，它會使一個人失去節儉、勤奮的動力，而變得懶惰、不思進取、沒有責任感。更為重要的是，當你施捨一個人時，就否定了他的尊嚴。否定了他的尊嚴，就搶走了他的命運，這在我看來是極不道德的。作為富人，我有責任成為造福於人類的使者，卻不能成為製造懶漢的始作俑者。

任何人一旦養成習慣，不管是好或壞，習慣就占有了他。白吃午餐的習慣不會使一個人走向坦途，只會使他失去贏的機會。而勤奮工作卻是唯一可靠的出路，工作是我們享受成功所付的代價，財富與幸福要靠努力工作才能得到。

在很久很久以前，一位聰明的老國王，想編寫一本智慧錄，以傳給後世子孫。一天，老國王將他聰明的臣子們召集來，說：「沒有智慧的頭腦，就像沒有蠟燭的燈籠，我要你們編寫一本各個時代的智慧錄，去照亮子孫的前程。」

這些聰明人領命離去後，工作很長一段時間，最後完成了一本堂堂十二卷的巨作，並驕傲地宣稱：「陛下，這是各個時代的智慧錄。」

老國王看了看，說：「各位先生，我確信這是各個時代的智慧結晶。但是它太厚了，我擔心人們讀了會不得要領。把它濃縮一下吧！」這些聰明人又花費了很多時間，幾經刪減，完成了一卷書。但是，老國王認為還是太長了，又命令他們再次濃縮。

這些聰明人把一本書濃縮為一章，然後減為一頁，再變為一段，最後則變成一句話。聰明的老國王看到這句話時，顯得很得意。「各位男士，」他說：「這真是各個時代的智慧結晶，而且各地的人一旦知道這個真理，我們大部分的問題就可以解決了。」這句話就是「天下沒有白吃的午餐」。

智慧之書的第一章，也是最後一章，即為「天下沒有白吃的午餐」。如果人們明白出人頭地要以努力工作為代價，大部分人就會有所成就，同時也將使這個世界變得更加美好。而白吃午餐的人，遲早會連本帶利付出代價。

一個人活著，必須在自身與外界，創造足以使生命和死亡有點尊嚴的東西。

愛你的父親

第三十封

做你喜歡做的事

最能創造價值的人，就是徹底投身於自己最喜歡的活動的人。
忠於自己將使自己贏得人生中最偉大的一場戰役。

1912 年 11 月 17 日

親愛的約翰：

你的來信令我非常興奮，因為你讀懂了總能助我成就事業的做事哲學：**做你喜歡做的事，而其他的事，就交由喜歡做這件事的人去做**。

對我來說，做喜愛的事是一項不容置疑的定論。它時刻都提醒我，要領導部屬出色地完成任務，絕不可依賴某些管理技巧，而是要採用一種更為宏觀、更有效能的領導方式。具體而言，就是不讓部屬拘泥於刻板、制式的工作職務上，而是想辦法利用每個人的長處，誘發他們將熱情傾注在工作之中，來成就絕佳的生產力。這就是我的制勝之道。

我在讀書時就記得這樣一句話：「最完美的人，就是徹底投身於自己最擅長的活動的人。」後來，經我改造，將其變為我管理上的一個理念：最能創造價值的人，就是徹底投身於自己最喜歡的活動的人。

我說過，每個人都有著忠於自己的天性，都渴望成為自己想要成為的人，而他們實現此一願望的方式，就是做自己喜歡做的事。遺憾的是，很多管理者並不善待雇員忠於自己的訴求，結果事倍功半。

其實這很好理解，如果你不將時間投入到喜愛的事情上，就絕不可能感到自我滿足；如果得不到自我滿足，就會失去生活的熱情；如果失去生活的熱情，就將失去生活的動力。指望一個失去工作動力的人出色地完成工作任務，就像指望一個停擺的鬧鐘準確報時一樣，可笑至極。

所以，我時刻不忘給予部屬忠於自己的機會——燃燒他們的熱情，讓他們的特別才幹發揮到極致，而我自己從中收穫的，恰恰是財富與成就。忠於自己將使自己贏得人生中最偉大的一場戰役，誰會放過這樣的機會？

想成功利用部屬的熱情，就必須知道領導者的職責，不是要挖掘部屬的弱點，而是要關注他們的優點與才幹，並讓這些優勢充分發揮出來。我不會去挑剔部屬最脆弱的特質，總在找尋他們最堅強的部分，讓他們的才幹充分展現在工作的挑戰與需求上。例如，我重用阿奇博爾德先生（Mr. Archibald）。

與某些人不同，我不以自己的好惡為選拔人才的標準，我用人並不會看他身上貼著什麼標籤，我看中的是他在工作中展示出來的能力。我喜歡自己的喜好，但更喜歡效率。

阿奇博爾德絕非完美的人，他嗜酒如命，而我卻是個禁酒主義者。但是，阿奇博爾德有著非凡的領導才華和天賦，他頭腦機敏、樂觀幽默，而他出眾的口才和大膽好鬥的性格，無疑是在激烈競爭中獲勝的保證。所以在由對手變為合夥人之後，我一直對他興趣濃厚，不斷委他以重任，直至提拔他接替我的職務。

他已經證明自己是一名天才的領導者，他的職業生涯是那樣特殊。如果他沒有受不好習慣影響，成績將更加突出。

我的目的是在每位部屬身上找出我所重視的價值，而不是那些我所不樂見的缺點。我找出每位員工值得重視的部分，並致力於將員工的優點轉化成出色的才能，而不會試圖修正他們的缺點。所以，我總是擁有能力健全、樂意奉獻的部屬。

約翰，沒有人無所不能，現在你是一位管理者，你的成就依賴領導能力的發揮，依賴部屬做事才能的發揮。你需要知道，你的部屬可挑剔的地方不勝枚舉，但是你要專注於發掘每個人潛在的優點，注意他們在每個細節上的傑出表現，以及他們為了將事情做得出色，而對完美主義近乎苛求的堅持。這是領導力的優勢所在。

一個人不能主宰一個集體。我不否認領導者的巨大作用，但就整體而言，取勝靠的是集體。我所取得的任何榮譽所依靠的都是集體的力量，而絕非我個人。也只有眾人都付出努力，才能相信並期待奇蹟的出現。

祝你好運！我的兒子。

愛你的父親

第三十一封

讓每一分錢都帶來效益

創造力、自發精神和信念可以化不可能為可能。
如果沒有想好最後一步，就永遠不要邁出第一步。

1914 年 6 月 21 日

親愛的約翰：

查爾斯先生（Mr. Charles）永遠離開了我們，這讓我很難過。作為上帝忠實的子民，查爾斯一直是位非常善良的富人。他樂善好施，不斷用自己辛勤賺到的錢去救助那些處於貧困噩夢中的同胞。因為他的仁愛和無私，我相信上帝會在天堂笑迎他。

與真摯的靈魂相伴，是天賜的福氣。我能有像查爾斯這樣的合夥人，是我一生的榮幸。當然，查爾斯謹小慎微的性格常常導致他與我齟齬不斷，但這絲毫不會奪走我對他的尊重。失去對高尚之人的尊重，就是在剝奪自己做人的尊嚴。

當年，公司最高管理層有共進午餐的習慣，每到吃飯時間，儘管我是公司第一人，我都會把象徵公司核心的座位留給他，以示我對他正直人品的敬意。是的，這不足為道，高尚的道德本就該受到褒獎。而就一個整體而言，雖然這只是很小很小的細節，但這樣一個細節可能影響整間公司，甚至影響公司的業績。

事實上，標準石油公司的合夥人都是正直的人，我們個個知曉彼此尊重、信任、團結一心對合作有多麼可貴和重要，我們努力使之變成現實。所以，即使出現分歧，我們只會直言不諱、就事論事，從不勾心鬥角、搬弄是非。我相信，在這種純潔的氛圍中，即使有人心術不正，他也會把心術不正的惡習留在家裡。

但這只是標準石油公司強大到令對手敬畏的原因之一，視精誠協作為生命才是最重要的因素。在這方面，查爾斯身體力行，堪稱表率。

作為公司的引領者，我在一次董事會上曾真誠倡議：「我們是一家人，共用榮辱，我們堅強的手掌托起的是我們共同的事業。所以，我建議大家，請不要說我應該做什麼要說我們應該做什麼。別忘了，我們是合作夥伴，無論做什麼都是為了大家的利益。」

我的發言感染了查爾斯，他第一個呼應道：「男士們，我聽懂了，約翰的意思是說，比起『我』來說，『我們』更重要，我們是一家人！沒錯！是應該說『我們』！」

在那一刻，我看到了我們偉大的未來，因為我們已經開始忠於「我們」。別忘了，人都是自私的，每個人的天性都是忠於自己，「我」是每個人心中的信仰。當「我們」取代「我」的時候，它所煥發出的力量難以估量。**我之所以能取得巨大成就，就在於我首先經營了人，所有的人。**

我與查爾斯有共同的信仰，我們都是虔誠的基督徒。我喜歡查爾斯最鍾愛的一句格言：「珍惜時間和金錢。」我一直認為這是一則凝聚著偉大智慧的箴言。我相信絕大多數的人都會喜歡它，卻難以將其變成自己的思想和價值信條，永遠融入自己的血液中。是的，無論一個人儲積了多麼豐富的妙語箴言，也無論他的見解有多高明，假如不能利用每一個確實的機會去行動，其性格終不能受到良好的影響。失去美好的意圖，終是一無所獲。

幾乎人人都知道，能否構築幸福生活、實現成功，都與如何利用時間有關。然而，在很多人那裡，時間是他們的敵人，他們消磨它、抹殺它；但如果誰偷走他們的時間，他們又會大發雷霆，因為時間畢竟是金錢，而人最重要的時間就是生命。遺憾的是，他們就是不知道如何利用時間。

事實上，這沒有哥倫布（Columbus）發現美洲那麼難，重要的是我們要計畫每一天，乃至每一刻，並知道該思考什麼、如何採取行動。計畫是我們順應每天情況而生活的依據，它能顯示什麼是可行的。而要制訂完美的計畫，首先要確認自己想要什麼；還有，每項計畫都要有措施，並要監督成果。能付諸行動、有成果的計畫才是有價值的計畫。

當然，創造力、自發精神和信念可以化不可能為可能，並突破計畫的限制，所以，不要自囿於計畫之中。

每一刻都是關鍵，每一個決定都影響生命的過程，所以，我們要有一個富全決心的策略。決心不宜下得太快，遇到重要問題時，如果沒有想好最後一步，就永遠不要邁出第一步。要相信總有時間思考問題，也總有時間付諸行動，要有促進計畫成熟的耐心。但一旦做出決定，就要像鬥士那樣，忠實地去執行。

「賺錢不會讓你破產」，是查爾斯的致富聖經。有一次午餐，查爾斯公開了他的賺錢哲學。那天他用一種演講家般的激情，激勵了我們每個人。他告訴大家：世上有兩種人永遠不會富有：

第一種是及時行樂者。他們喜歡過光鮮亮麗的日子，像蒼蠅叮咬腐肉那樣，對奢侈品興趣盎然。他們揮霍無度，竭盡所能要擁有精美的華服、昂貴的汽車、豪華的住宅，以及價格不菲的藝術品。這種生活的確迷人，但它缺乏理性，及時行樂者缺乏這樣的警惕：他們是在尋找增加負債的方法，他們會成為可憐的車奴、房奴，而一旦破產，他們就完了！第二種是喜歡存錢的人。把錢存在銀行裡當然保險，但和把錢冷凍起來沒什麼兩樣，要知道，靠利息不能發財。

但是，有一種人會成為富人，比如在座的諸位，我們不尋找花錢的方法，反而尋找、培養和管理各種投資的方法，因為我們知道財富可以拿來滋生更多錢財。我們會把錢拿來投資，創造更多的財富。但我們還要知道，每一分錢都能帶來效益！這正如約翰一貫的經商原則——每一分錢都要讓它物有所值。

查爾斯先生的演講博得了熱烈掌聲，我被他燃燒起來，鼓掌時太過用力，以致飯後還覺得手掌隱隱作痛。

如今，再也聽不到那種掌聲，也沒有那樣子鼓掌的機會了。但「珍惜時間和金錢」一直與我相伴。我沒有理由浪費生命，浪費生命就等於糟蹋自己，世上沒有比糟蹋自己更大的悲劇了。我也不把安逸和享樂看作生活的目的，因為我稱其為「豬的理想」。

愛你的父親

第三十二封

改變用字，就能改變人生

即使你要出賣心靈，也要賣給自己。讓我們學會變得既聰明又謙遜、既謙遜又聰明。

1914 年 8 月 1 日

親愛的約翰：

就像我們的身體有食慾一樣，我們也有精神上的食慾。但許多人常以沒有時間為藉口，總在使他們的心靈忍飢挨餓，也只在意外或偶然的情況下才充實它一下，卻不會忘了滿足他們脖頸以下的消費。

也許我的看法有些悲觀，我們正處於無限制滿足脖頸以下、卻忽視脖頸以上需求的時代。事實上，你經常聽到有人說「漏吃一頓午餐是件大事」，卻聽不到「你最後一次滿足心靈飢渴是在什麼時候」的問句，難道我們每個人都是精神富足者嗎？顯然不是。

在這個世界上，精神飢渴者隨處可見。那些生活在沮喪、消極、失敗、憂鬱中的人，他們都迫切需要精神的滋養和靈感的召喚，但他們幾乎全都排斥再次充實他們的心靈，任由心靈黯淡無光。

如果空虛的頭腦能像空虛的肚子一樣，只要填滿一些東西就能讓主人感到滿足的話，那該有多好。可惜，沒有這麼便宜的事情，人們反要接受心靈空虛的懲罰。

心靈是我們每個人真正的家園，我們是好是壞都取決於它的撫育。因為進入這個家園的每一件東西都有一種效用，都會有所創造，為你的未來做準備，或者會有所毀滅，降低你未來可能的生命成就。

每一個達到高峰或即將達到高峰的一流人物都是積極的，他們之所以積極，是因為他們定期以良好、乾淨、有力、積極的精神思想充實心靈。就像食物成為身體的營養一般，他們不忘每天的精神食糧。他們知道如果能充實頸部以上的部分，就永遠不愁填飽頸部以下，甚至不必憂愁老年的財務問題。

一個人必須找到自己的家，才不至於流浪或淪為乞丐。首要的是，即使你要出賣心靈，也要賣給自己。我們要接納自己，清楚知道人是上帝以自己的心意創造的，其地位僅次於天使。上帝不會設下有關年齡、教育、性別、胖瘦、膚色、高矮或其他任何表面上的限制。上帝也沒有時間創造沒用的人，更不會忽略任何人。

其次，我們要有積極的態度。

兩年前，卡爾．榮格（Carl Jung，瑞士心理學家，分析心理學的創始人）與我不期而遇時，這位心理學家說了一個故事：

有一個人被洪水困住了，他只好爬到屋頂上避難。鄰居中有人漂浮過來，說道：「約翰，這次大水真是可怕，對吧？」

約翰回答：「不，沒那麼糟。」

鄰居有點吃驚，反駁道：「你怎麼說沒那麼糟？你的雞舍已經被沖走了。」

約翰說：「我知道，但是六個月以前我已經開始養鴨了，現在它們都在附近游泳。一切都沒問題。」

「但是，約翰，大水毀了你的莊稼。」鄰居堅持道。

約翰回答：「不，並非如此。我種的莊稼因為缺水而受損，就在上週還有人告訴我，我的土地很缺水，所以這下問題就解決了。」

那位悲觀的鄰居再次對滿臉微笑的約翰說：「但是你看，約翰，大水還在上漲，就要漲到你的窗戶上了。」

樂觀的約翰笑得更開心了，說道：「正如我所願，這些窗戶實在太髒了，很需要洗一下。」

這聽起來像個玩笑，但顯然這是一種境界——決定以積極的態度來應對這個紛繁複雜、順逆起伏的世界。一旦達到這種境界，即使遇到消極的情況，我們也能使心靈自動地做出積極的反應。為達到這種境界，我們只能充實、潔淨自己的心靈。

每個人都能改變或被改變。榮格說，**只要改變一個人的用字，就能建立他的收入、他的快樂，並改善生活**，乃至改變人生。例如「恨」字，要把它從你的詞彙中除去，不要想它，而是不斷地寫、感受、夢想「愛」字來代替它。顯然，必須被移去與取代的文字幾乎永無止境，但心靈卻會在移去和取代的過程中，變得更加純淨、積極。

我們的心靈會以供應它的事物而行動。我相信，放進心靈中的事物對我的未來非常重要。所以問題顯然在於，我們要怎樣餵養我們的心靈——找什麼時間去補充精神糧食。

你是否聽過一句話：伐木者的產量會下降，是因為他沒有抽出時間來磨利他的斧頭？我們花大筆金錢及時間去修飾頭腦的外表，刮鬍子、理頭髮，我們是否有必要花同樣的時間和金錢，來裝飾頭腦的內部？當然有，而且可以做到。

事實上，精神糧食隨處可得，例如書籍。經由偉大的心靈撞擊而寫成的書籍，沒有一本不是洗滌並充實我們心靈的糧食，它們早已一勞永逸地為後人指明了方向，而我們可以從中任意挑選想要的。偉大的書籍就是偉大的智慧之樹、心靈之樹，我們將在其中得以重塑。讓我們學會變得既聰明又謙遜、既謙遜又聰明吧！

當然，我們不能讀那些文字商人的書，他們的書有如瘟疫，散布無恥的邪念、訛誤的消息和自負的愚蠢，他們的書只配捧在那些淺薄、庸俗的人的手裡。我們需要的是能帶來行動的信心與力量，能夠將人生推到另一個新高度、引導我們行善的書。例如奧里森・馬登（Orison Swett Marden）的《偉大的勵志書》（*Pushing to the Front*）。

它是一部激蕩我們靈魂、激發我們生命熱情的偉大著作，我相信美國人民都將因它的問世而受惠，並因此以最積極的方式運用自身的力量，抵達夢想的生命之境。我甚至相信，誰錯過讀它的機會，誰就可能錯過偉大的人生。我希望我的子孫都能讀這本書，它能為所有人開啟幸福快樂之門。

引領人們爬向高峰的動力，是一種必須定期滋潤、強調，因而日趨旺盛的驅動力。那些擁有成功人生的人，無疑都能體會到，高峰上有很多空間，但是沒有足夠的空間供人坐下來停留。他們了解，心靈像身體一樣，必須定期給予營養才行，身體、心理與精神方面的營養，都要分別照顧到。

約翰，沒有誰可以阻擋我們回家的路，除非我們自已不想回來。讓心靈之光照耀我們前進的路。

愛你的父親

第三十三封

貪心大有必要

命運要由自己去開創，真心渴望的東西一定要想方設法去得到。
我是自己生命的重心，我決定什麼適合我。

1918 年 5 月 6 日

親愛的約翰：

不要理會那些說我貪心的人。

多少年來，我在享受著這個在別人看來似乎不太美妙的「頌揚」——貪心。這份特別的頌揚，最早出現在我的事業如日中天之時，那時洛克菲勒的名字已不再僅是代表一個人的名字，而是財富的象徵——一個龐大的商業帝國的象徵。

我記得當時有很多人、很多家報紙都加入了如此「頌揚」我的行列。但這樣的頌揚並沒有讓我的心跳加快，儘管我知道這樣的頌揚無非是要詆毀我，為我創建的商業帝國刷上一層令人生厭的銅臭。

但我知道，在人的本性中早就潛藏著一種力量，一種叢生於缺少能力與意志之地的力量，那就是嫉妒。當你超越了他們的時候，他們就會嫉恨你，用貶義的字眼指責你，甚至編造謊言來詆毀你，同時，在你面前還要表現得非常高傲——在我看來，那並非高傲，它恰恰是軟弱。有意思的是，當你遠不如他們、生活潦倒不堪時，他們又會譏笑你，說你無能、愚蠢，甚至把你貶低得沒有任何做人的尊嚴。我的兒子，這就是人的本性！

上帝沒有賦予我改變人類本性的使命，我也沒有閒情逸致去阻止某些人「恭維」我貪心，我所能做的就是讓嫉妒我的人繼續嫉妒下去！儘管我知道，如果讓那些人帶走我所創造的財富，他們也將帶走那份恭維，但我做不到！我相信，除非中了什麼魔法，任何人都做不到！

紳士永遠不會與無知者爭辯，我當然不會和那些「恭維」我的人論戰，但我控制不了自己蔑視他們的無知。冷靜地回溯歷史，檢視人類的腳印，我們就能得出這樣的結論：沒有一個社會不是建立在貪心之上。那些詆毀我的人看似道德的守望者，但他們有誰不想獨占自己擁有的東西？有誰不想掌控所有美好的東西？有誰不想控制每個人需要的一切？虛偽的人總是那麼多。

世上沒有不貪心的人。如果你有一顆橄欖，你就會想擁有一整棵橄欖樹。我行走於人世已近八十年，有見過不吃牛排的人，卻沒有見過一個不貪心的人。尤其是在商界，功利、拜金的背後只印著一個單詞，那就是貪心。我相信在未來，不貪心的人仍將是地球上的稀有者。誰會停止對美好事物的追求和占有呢？

阿奇博爾德說我是能夠聞到終點線味道的賽馬，一旦聞到我便會開始衝刺。我知道這多少有點奉承我的意思，但在我心裡，我的確早就為貪心留好了位置。

在我讀商學院時，一位老師說過一句讓我終生難忘的話，這句話可說是改變了我的命運。他說：「貪心沒什麼不好，我認為貪心是件好事，人人都可以貪心。從貪心開始，才會有希望！」

當我的老師在講壇上喊出這番極具煽動性和刺激性的話語時，臺下的同學們為之譁然。因為只要想一想貪心的意義，就知道這個字眼完全違背大多數人從小學習的道德觀念。這種道德觀融於宗教、社會、倫理、政治和法律等各個層面，它具有尺規般的作用，無疑會為這個字眼打上骯髒的烙印。

但當我走入社會、踏上創造財富之旅後，我才深深地認識到，那份學費花得真是值得，那位老師的主張相當具有洞見。就像那些演講家所告訴我們的，自然界不是仁慈、無私的地方，而是強者為王、適者生存的天地，所謂的文明社會也同樣如此。如果你不貪心，或許你就會被別人「貪掉」，畢竟可口的甜點並非各處可見。

如果你想創造財富、創造非凡的人生，我的感受已不是「貪心是件好事」可以了得，而是貪心大有必要！

貪心的潛臺詞就是「我要」，我要得到更多，獨占才好！有誰不曾在心底如此吶喊？為政者會說，我要掌權，我要從州長當到總統；經商者會說，我要賺錢，我要賺更多的錢；為人父母者會說，我希望我的兒子能有所成就，永遠過著富足、幸福的生活……諸如此類，不一而足。只是囿於道德、尊嚴，顧及顏面，人們才將貪心緊緊地遮掩起來，使得貪欲成為禁忌觀念。

事實上，只要追名逐利的世界不被毀滅，只要幸福不變得像空氣那樣唾手可得，人類就不能停止貪心。

那些喜歡揭露他人醜聞的人，總是視貪心為惡魔。但在我看來，打開我們的貪心之鎖，和打開潘朵拉的盒子不同。釋放出無時無刻不在跳動的貪心，等於釋放出我們生命的潛能。我從一個週薪只有五美元的簿記員成為今日美國最富有的人，是貪心讓我實現了這個奇蹟。貪心是推動我創造財富的力量，正如它是推動社會演進的強大動力一樣。

在我使用貪心一詞時，你或許希望我把它換成「抱負」。不，我們都處在一個貪心的世界中，我認為使用「貪心」比「抱負」更純樸。純樸是靈魂中一種正直無私的素質，它與真誠不同，比真誠更高尚。

在與山姆．安德魯斯合辦石油公司之初，我的貪心就在膨脹，每天晚上在睡覺前，我都在忠告自己：我要成為克里夫蘭最大的煉油商，讓流淌的石油化成一捆捆的鈔票，我要讓每一個念頭都服從利益動機，助我成為石油之王。在最初那段日子裡，我事必躬親，終日勞碌。我指揮煉油，組織鐵路運輸，苦思冥想如何節省成本、擴大石油副產品市場。我永遠忘不了那段讓我忍飢挨餓、夜以繼日奔波在外的日子。

我的兒子，命運要由自己去開創，真心渴望的東西一定要想方設法去得到。成功與失敗的間距並不像人們所想像，僅僅是一念之差而已。看誰有強烈的貪欲、誰具有這種力量，誰就能煥發並施展出自己的全部力量，盡力而為，超越自己。我前進的每一步，都能讓我感受到貪心的力量！貪心不僅能讓一個人的能力發揮到極致，也逼得他獻出一切，排除所有障礙，全速前進。

很多人都曾問我同一個問題：「洛克菲勒先生，是什麼支持你爬上了財富之巔？」我不能表露真實心聲，因為貪心為人們所不齒。然而，事實是，使我成為一代巨富的，就是我喚起了自己的貪欲，更膨脹了自己的貪心。

每個人的內心都深藏著一顆活潑、靈敏、有力量的貪欲。但你必須熱愛它，告訴自己我要貪心，叮囑自己我要，我要得到更多，它才會出來玩耍，助你成功。

沒有任何力量可以阻止我解禁貪心，因為我追求成功。貪心之下實現的成功並非罪惡。成功是一種高尚的追求，如果能以高尚的行為去獲得成功，對人類的貢獻將遠比貧困時更多，我就做到了！

看一看我們今日所做的善舉吧，將巨額財富投向教育、醫學、教會和那些窮困的人，絕不是我一時心血來潮的個人施捨，那是一項偉大的慈善事業，世界正因我的成功而變得美好。看來貪心其實很不錯，更不是罪惡。

就此而言，如果那些說我貪心的人，目的並不是要詆毀我，我會欣然接受他們對我做出的如此評判。

約翰，我是自己生命的重心，我決定什麼適合我，所以我不在乎那些人說什麼，我的心依然安寧。在某些人眼中，我似乎永遠都是一個動機卑鄙的商人，即使我投資於惠澤民眾的慈善事業，也會被他們視為一種詭計，懷疑我有追逐私利的動機，而絲毫看不到我無私的公益精神，更有甚者說我如此樂善好施是為了贖某個罪。真是滑稽。

我想非常真誠地告訴你，你的父親永遠不會讓你感到羞愧，裝在我口袋裡的每一分錢都是乾淨的。我之所以成為富人，是我運用超群的心智和強烈的事業心得到的回報。我堅信上帝賞罰分明，我的錢是上帝賜予的。而我之所以能一直財源滾滾，如有天助，是因為上帝知道我會把錢返還給社會，造福同胞。

到我該去讀《聖經》的時間了。今晚的夜色真美，每顆明亮的星星都似乎在說：「幹得好！約翰。」

愛你的父親

第三十四封

地獄裡住滿了好人

我不喜歡錢，我喜歡的是賺錢。我的信念是搶在別人之前達到目的。
如果你追求勝利，就必須抗拒同情別人的念頭，不能只想當好人。

1918 年 8 月 11 日

親愛的約翰：

今天，在去打高爾夫的路上，我遇到了久違的挑戰：一個年輕人開著他那輛時髦的雪佛蘭（Chevrolet），高傲地超過了我的車子。他刺激了我這個老頭子好勝的本性，結果他只能看我的車尾燈了。這讓我很高興，就像我在商場上戰勝競爭對手一樣高興。

約翰，好勝是我永不磨損的天性，所以我說那些譴責我貪欲永無止境的人都錯了。事實上我不喜歡錢，我喜歡的是賺錢，還有勝利時刻的美好感覺。

當然，讓別人輸掉的感覺有時會觸動我的惻隱之心。但是，經商是一場嚴酷的競爭，沒有什麼東西比決心迫使別人出局更無情的了。可是你只能想方設法戰勝對手，才能避免失敗的悲慘命運。有競爭的地方，都是這樣。

不可否認，想要成功，幾乎多多少少都得犧牲別人。然而，如果你追求勝利，希望贏得勝利，就必須抗拒同情別人的念頭，不能只想當好人，不能保留實力、逃避或延後讓對手出局。要知道，地獄裡住滿了好人，失敗的痛苦是商戰的一部分，我們彼此都在扼殺對手，沒有競爭奮鬥到底的決心，就只有做失敗者的資格。

坦率地說，我不喜歡競爭，但我努力競爭。每當遇到強勁的對手時，我心中競爭好勝的本性就會燃燒，而當它熄滅時，我收穫的是勝利和快樂。波茨先生（Mr. Potts）就曾為我帶來這種快感，而且他非常在行。

與波茨先生開戰，緣於我的一個錯誤，一個因好心而釀成的錯誤。在一八七〇年代，石油都集中在賓州西北部一個不大的地方。如果在那裡建設一張輸油管道網路，將各座油井連接起來，我只需要借助一個閥門，便可以控制整個油區的開採量，從而徹底獨霸這一行業。可是我擔心，用管道長途運輸會引起與我合作的鐵路公司的不安與恐懼，所以為了維護他們的利益，我一直沒有啟動鋪設輸油管道的計畫，更何況，他們都曾幫助過我。

但是，那個曾經耍過我、又與我妥協的賓州鐵路公司卻野心勃勃，他們努力想取代我，要將煉油業徹底置於他們的掌控之中。他們把油區兩條最大的輸油管道併入自己的鐵路網路中，要以此卡住我們的脖子。而肩負完成這一使命的人，就是賓州鐵路的子公司帝國運輸公司（Empire Transportation Company）的總裁波茨。坐視對手，哪怕是潛在的對手的實力增強，都是在削弱自己的力量，甚至會顛覆自己的地位，我可沒那麼愚蠢。我的信念是搶在別人之前達到目的。我迅速起用精明強幹的奧戴先生組建了美國運輸公司（U. S. Transportation Company），與帝國公司展開了一場自衛反擊戰。感謝上帝，我們的努力獲得了應有的回報，不出一年，我們控制了油區四成的石油運輸業務，壓制住了波茨的進攻。但這只是我與波茨較量的開始。

在這個世界上能出人頭地的人，都懂得去尋找自己理想的環境，如果他們不能如願，就會自己創造出來。

兩年後，在賓州布拉德福德又發現了一個新油田。奧戴迅速帶領他的人撲向那個激起千萬人發財夢的地方，不分晝夜地把輸油管道鋪向新油井。但油田那幫傢伙個個都很瘋狂，毫無節制，恨不得一夜之間就把石油全部採光，面帶喜悅揣著鈔票走人。所以，不管奧戴他們怎麼努力，都無法滿足運輸和儲存石油的需要。

我不想看到辛辛苦苦的採油商們自掘墳墓，自我毀滅。我請奧戴警告採油商，他們的開採能力已經遠遠超過我們的運輸能力，他們必須縮減生產量，否則，他們開採出來的黑金將變成一文不值的黑土。但沒有人接受我們的好意和忠告，更沒有人欣賞我們的努力，反而聲討我們，說竟敢不運走他們的石油。

就在布拉德福德的採油商們情緒激動到頂點時，波茨動手了。他先在我們的煉油基地紐約、費城、匹茲堡向我示威，收購競爭對手的煉油廠；接著，又開始在布拉德福德搶占地盤，鋪設輸油管道，要將布拉德福德的原油運到自己的煉油廠。

我很欣賞波茨的膽量，更願意接受他想動搖我在煉油業的統治地位而發起的挑戰，但我必須將他趕出煉油行業。

首先，我拜會了賓州鐵路公司的大老闆史考特先生（Mr. Scott），我直言不諱地告訴他，波茨是個偷獵者，正在闖入我們的領地，我們必須讓他停下來。但史考特非常固執，決心讓波茨的強盜行為繼續下去。我別無選擇，只能向這個強大的敵人宣戰。

首先，我們終止了與賓鐵的全部業務往來，我指示部屬將運輸業務轉給一直堅定地支援我們的兩大鐵路公司，並要求他們降低運費，與賓鐵競爭，削弱它的力量；同時下令關閉在匹茲堡依賴帝國公司運輸的所有煉油廠；隨後指示所有與帝國公司競爭的己方煉油廠，以遠遠低於對方的價格出售成品油。賓鐵是全美最大的運輸公司，史考特是握有運輸大權的巨頭，他們以從未被征服為榮。但在我的三方壓迫之下，他們只能臣服。

為了與我對抗，他們忍痛給予我們的競爭對手巨額折扣，換句話說，他們為別人服務還要付別人錢。接著他們使出了不得人心的一招——裁減雇員、削減工資。史考特和波茨沒有想到，這很快招致了反彈，憤怒的工人們為發洩不滿，一把大火燒了他們幾百輛油罐車和一百多輛機車，逼得他們只得向華爾街銀行家們緊急貸款。結果，當年賓鐵的股東們非但沒有分得紅利，而且股票價格一落千丈。他們與我決鬥的結果，就是他們的口袋變得越來越空。

波茨不愧是個軍人，在你死我活的硝煙中拚出了上校的軍階，有著令人欽佩不屈不撓的意志力。所以，在勝負已分的情況下，他還想繼續和我戰鬥。但同樣有著軍旅生涯的史考特，儘管此前曾是最有統治欲、最獨裁的實力派人物，但他更懂得什麼叫識時務，果斷地低下他不可一世的腦袋，派人告訴我，他非常希望講和，停止煉油業務。

我知道，波茨上校想要證明自己是偉大的摩西，可惜他失敗了，完全一敗塗地。幾年後，波茨放棄與我對抗的欲望，成為我下屬一個公司積極勤奮的董事。這個精明又狡猾得像油一樣的商人！

傲慢通常會讓人垮臺。史考特和波茨之流自以為出身高貴，一直目空一切，所以，成功馴服這些傲慢的傢伙，我的心都在跳舞。

約翰，我喜歡勝利，但我不喜歡為追求勝利而不擇手段。不計代價獲得的勝利不是勝利，醜惡的競爭手段讓人厭惡，那等於畫地為牢，可能永遠無法跨越，即使贏得一場勝利，也可能失去以後再獲勝的機會。

而循規蹈矩不表示必須降低追求勝利的決心，卻表示可以用合乎道德的方式去贏得明確的勝利，也表示在這種限制下，可以全力公平、無情地追求勝利。我希望你能做到這一點。

愛你的父親

第三十五封

永遠將部屬放在第一位

我始終把為我賣命的雇員擺在第一位。
只要給予人們應得的尊重，他們就能將潛能徹底發揮出來。

1925 年 9 月 19 日

親愛的約翰：

想像一下這樣的場面：一位交響樂團的指揮，準備讓買票進場的觀眾欣賞一場高水準的演出，但是他卻轉身面向觀眾，留下演奏者們獨自奮戰、辛苦演奏，會怎麼樣？

沒錯！這註定是一場最糟糕的音樂會。因為指揮家沒把演奏家放在眼裡，後者就會用消極怠惰來「感謝」他，並搞砸一切。

雇主就像是樂團的指揮，他做夢都想激勵、調動所有雇員的力量，使之盡可能多地做出貢獻，幫助他演奏出賺錢的華麗樂章，讓他賺到更多、更多的錢。然而，對許多雇主而言，這註定是一場難以實現的夢，因為他們就像那位愚蠢的指揮，忘了善待雇員，反倒輕易關閉了雇員們情願付出的大門。

和他們一樣，我期望所有的雇員都能像忠實的僕人那樣，全心全意為我做出更多的貢獻。但是，我比他們聰明許多，我非但不會無視雇員的存在，反而會認真看待他們。準確地說，在我的腦子裡，我始終把為我賣命的雇員擺在第一位。真心而言，我沒有理由不善待那些用雙手讓我的錢包鼓起來的雇員，我沒有理由不去感激他們為我做出的努力與犧牲，更何況，我們這個世界本就該充滿溫情。

我愛我的雇員，從不高聲斥責、侮辱謾罵他們，也不會像某些富人那樣在他們面前盛氣淩人、不可一世，我給予雇員的是溫情、平等與寬容。所有這些合成一個詞就叫「尊重」。尊重別人可以滿足我們對道德感的需求，但我發現它還是激發雇員努力工作的有效工具。標準石油公司的每個雇員都為公司竭盡全力工作，這項事實讓我堅信：給予人們應得的尊重，他們就能將潛能徹底發揮出來。

人性最基本的一面，就是渴望獲得慷慨。我本人勤儉自持，卻從未忘記要慷慨相助。記得那次經濟大蕭條時，我曾數次借債來幫助那些走投無路的朋友，讓他們的工廠和家人平安度過了危機。而在我的記憶中，我從沒有催債和逼債的紀錄，因為我知道心地寬容的價值。

至於對雇員，我同樣慷慨、體恤，我不但發給他們比任何一家石油公司都要高的薪水，還讓他們享受保證老有所終的退休金制度，並給予他們每年約見老闆、為自己要求加薪的機會。我不否認付出慷慨的功利作用，但我更知道我的慷慨將使雇員的生活水準有所提升，而這恰恰是我的職責之一，我希望每一個為我做事的人都因我而富有。

雇主就是雇員的守護神，雇員的問題就是我的問題。我握有選擇權，可以選擇忽略他們的需求，也可以選擇滿足，而我喜歡採用後者。我總是試圖了解雇員需要什麼，接著便想辦法滿足他們的需求。我不斷詢問他們兩個問題：「你需要什麼？」、「我可以幫上什麼忙？」我隨時都在旁邊關心他們。對我來說，這個職務最大的樂趣之一，就是我能為雇員提供一臂之力。

薪水和獎金相當誘人，然而對一些人來說，金錢並不能引發他們效命的動機，但給予重視卻能達到這個目的。在我看來，每個人都渴望被認為有價值、受到重視、贏得他人的尊重，每個人的脖子上都掛著一個無形的標誌，上頭寫著：重視我！

我無法想像一個人在工作或在家庭中不被重視的痛苦，我的目的是要讓每個人在工作時都能如沐春風。所以，我就像個要偵查出破案線索的偵探，不停地搜索每個雇員對自己感到自豪的才能。當我了解他們認為自己最值得被重視的才能後，就會賦予重任。一個善於激勵雇員做出最大貢獻的雇主，時刻不應忘記，要讓雇員看到追隨、效忠你是有希望和前途的，而多多重視、委以重任，也是讓雇員有動機在工作上打拚的關鍵。

做和善、溫暖、體貼的雇主，可以使雇員精力充沛，士氣高昂。但對雇員時常表示謝意，似乎也很有作用。沒有一位雇員會記得五年前得到的獎金，但是有許多人對雇主的溢美之詞永遠銘記在心。我會不吝表達心中的感激之情。沒有一件事的影響力，比及時而直接的感謝更為深遠。

我喜歡在部屬桌上留一張便條紙，上頭寫著我的感謝詞。我花一、兩分鐘信手寫來的感激之語，他們可能早已不復記憶，但是我的感激之意卻會產生鼓舞人心的影響。無論經過多少年，他們都能記得我這個慈愛的領導者留給他們的溫暖鼓勵，並視其為一句珍貴的箴言。這就是一則簡單的感謝聲明，能夠展現強大力量的另一個明證。

我絕對會認真看待部屬，以及他們在工作或個人方面的問題。我了解每個人能付出的畢竟有限，因此在我盡力為部屬解決問題的同時，他們就能相對做出更多貢獻。

約翰，現在你已經是一位領導者，你的成就來自於你的能力，也來自雇員們能力的發揮，我相信你應該知道該怎麼做。

愛你的父親

第三十六封

鑽石，其實就在你家後院

我就是我最大的資本！
每一個渴望成功的人都應該意識到，成功的種子就撒在他自己身邊。

1926 年 5 月 29 日

親愛的約翰：

昨天，就在昨天，我收到了一個立志要成為富翁的年輕人的來信。他在信中懇請我回答一個問題：他缺少資本，該如何去創業致富？

上帝呀，他是想讓我指明他生命的方向。可是教誨他人似乎不是我的專長，而我又無法拒絕他的誠懇，這真令人痛苦。但我還是回信告訴他：「你需要資本，但你更需要常識。常識比金錢更重要。」

對於一個要去創業的貧寒之子而言，他們常常苦惱於缺少資本。如果他們再恐懼失敗，他們就將猶疑不決，像蝸牛般緩慢行進，甚至止步於成功之路，永無出人頭地之時。所以，我在給那個年輕人的回信中特別提醒他：

「從貧窮通往富裕的道路永遠是暢通的，重要的是你要堅信：我就是我最大的資本。你要鍛鍊信念，不停地探究遲疑的原因，直到信念取代了懷疑。你要知道，你自己不相信的事，你無法達成；信念是帶你前進的力量。」

每一個渴望成功的人都應該認識到，成功的種子就撒在他自己身邊。只要認識到這一點，他就能獲得想要得到的東西。在信中，我講了一個阿拉伯人的故事，我相信這個故事肯定將惠澤他，乃至所有的人。

那個向我講述這個故事的人，這樣告訴我：

從前有個波斯人，名叫阿爾．哈菲德（Al Hafid），住在離印度河不遠的地方，他擁有一大片蘭花園、數百畝良田和繁盛的園林。他是個知足的人，而且十分富有——因為他很富有，所以他十分知足。有一天，一位老僧人來拜訪他，坐在火爐邊對他說：「你富有，也生活得安逸，但是，你如果有滿滿一手鑽石，就可以買下整個國家的土地。要是你能擁有一座鑽石礦，你就可以利用這筆巨富的影響力，把孩子送上王位。」

哈菲德聽了老僧人這番極具誘惑力的話之後，當天晚上上床時，他就變成了一個窮人——不是因為他失去了一切，而是他開始變得不滿足，所以他覺得自己很窮；也因為他認為自己很窮，所以得不到滿足。他想：「我要一座鑽石礦。」所以，他整夜都難以入睡。第二天一大早他就跑去找那位僧人。

老僧人一大早就被叫醒，非常不高興。但哈菲德完全不顧及這些，他滿不在乎地把老僧人從睡夢中搖醒，對他說：「你能告訴我什麼地方可以找到鑽石嗎？」

「鑽石？你要鑽石做什麼？」

「我想要擁有龐大的財富，」哈菲德說：「但我不知道哪裡可以找到鑽石。」

「哦，」老僧人明白了，他說：「你只要在山裡面，找到一條在白沙上穿流的河，就可以在沙子裡找到鑽石。」

「你真的認為有這樣一條河嗎？」

「多得很，多得很！你只要出去尋找，一定會找到。」

「我會的。」哈菲德說。

於是，哈菲德賣掉農場、收回借款，把房子交給鄰居看管，就出發尋找鑽石去了。

哈菲德先去了月光山區（Moonlight Mountains），而後到了巴勒斯坦，接著又跑到歐洲。最後他花光了身上所有的錢，變得赤貧如洗。他如同乞丐般站在西班牙巴賽隆納海邊，看到一道巨浪越過海克力斯之柱（Pillars of Hercules，形容直布羅陀海峽兩岸邊的聳立海岬）洶湧而來，這個歷經滄桑、痛苦萬分的可憐蟲，無法抵抗縱身一跳的誘惑，就隨著浪峰跌入大海，終結了一生。

在哈菲德死後不久，他的財產繼承人拉著駱駝去花園喝水。當駱駝把鼻子伸到花園那清澈見底的溪水中時，那位繼承人發現，在淺淺的溪底白沙中閃爍著奇異的光芒，他伸手下去，摸到一塊黑石頭，石頭上面有一處閃亮的地方，發出了彩虹般的色彩。

他將這塊怪異的石頭拿進屋子，放在壁爐的架子上，又繼續去忙他的工作，完全忘記了這件事。

幾天後，那個告訴哈菲德在哪裡能找到鑽石的老僧人，來拜訪哈菲德的繼承人。他看到架子上的石頭發出的光芒，立即奔過去，驚訝地叫道：「這是鑽石！這是鑽石！哈菲德帶回來的嗎？」

「沒有，他還沒有回來，而且那也不是鑽石，那不過是一塊石頭，是我在我家的後花園裡發現的。」

「年輕人，你發財了！我知道鑽石長怎樣，這真的是鑽石！」於是，他們一起奔向花園，用手捧起溪底的白沙，發現許多比第一顆更漂亮、更有價值的鑽石。

這就是人們發現印度戈爾康達（Golconda）鑽石礦的經過。那是人類歷史上最大的鑽石礦，其價值遠遠超過南非金伯利（Kimberley）的鑽石礦。英王皇冠上鑲嵌的卡利南鑽石（Cullinan Diamond，已被發現最大的天然鑽石原石），以及那顆鑲在俄皇王冠上的世界第一大鑽石，都是採自那座鑽石礦。

約翰，每當我憶起這個故事，就不免為哈菲德嘆息。假如哈菲德能留在家鄉，挖掘自己的田地和花園，而不是去異鄉尋找，他就不會淪為乞丐，貧困挨餓，以至躍入大海而亡。他本來就擁有遍地的鑽石。

並非每一個故事都具有意義，但這個阿拉伯人的故事卻為我帶來了寶貴的人生教誨：**你的鑽石不存在於遙遠的高山與大海之間，如果你決心去挖掘，鑽石就在你的自家後院。重要的是要真誠地相信自己**。

每個人都有一定的理想，這種理想決定了他努力和判斷的方向。就這個意義而言，我認為，不相信自己的人就和竊賊一樣。因為任何一個不相信自己、且未充分發揮本身能力的人，可說是在向自己偷竊；而且在這個過程中，由於創造力低落，他也等於是從社會偷竊。由於沒有人會從自己那裡故意偷竊，所以那些向自己偷竊的人，顯然都是無意的了。然而，這種罪狀仍很嚴重，因為其所造成的損失，和故意偷竊一樣大。

只有戒除這種向自己偷竊的行為，我們才能爬向高峰。我希望那個渴望發財的年輕人，能思索出其中所蘊含的教誨。

愛你的父親

第三十七封

為自己工作，才能富有

一個人不是在計畫成功，就是在計畫失敗；對我來說，第二名和最後一名沒有什麼兩樣。

1931年3月15日

親愛的約翰：

「沒有野心的人不會成就大事。」這是我那位汽車大王朋友——亨利・福特（Henry Ford）昨天來看我時，向我吐露的成功祕密。

我非常敬佩這位來自密西根的富豪，他是一個執著又堅毅的傢伙。他幾乎與我有著同樣的經歷，做過農活、當過學徒、與人合夥開辦過工廠，透過奮鬥最終成為全美此時代最富有的人之一。

在我看來，福特是一個新時代的締造者。沒有任何一個美國人能像他那樣，完全改變了美國人的生活方式。看看大街上往來穿梭的汽車，你就知道我絕非在恭維他，他使汽車由奢侈品變成幾乎人人都能買得起的必需品。而他創造的奇蹟也把他變成了億萬富翁。當然，他也讓我的錢包鼓起了很多。

人活著就得有目標或野心，否則，他就像一艘沒有舵的船，永遠漂流不定，只會到達失望、失敗與喪氣的海灘。福特的野心超過了他的身高，他要締造一個人人都能享用汽車的世界。這似乎難以想像，但他成功了，他成了全球小汽車市場的主人，並為福特公司賺得了驚人的利潤。用這個傢伙的話說：「那不是在製造汽車，簡直是在印鈔票。」我不難想像，既腰纏萬貫，又享有「汽車大王」的盛譽，福特的心情該有多好。

福特創造的成就，證明了我的一個人生信條：財富與目標成正比。如果你胸懷大志、目標高遠，你的財富之山就將聳向雲霄。如果你只想得過且過，那就只有做末流鼠輩的份，甚至一事無成，即使財富離你近在咫尺，你也只能獲得一點點。在福特成功之前，有很多汽車製造商都比他有實力得多，但他們當中破產的人也很多。

人被創造出來是有目的的，一個人不是在計畫成功，就是在計畫失敗。這是我一生的心得。

我似乎從不缺少野心，從我很小的時候開始，要成為最富有的人，就一直是我的抱負與夢想。這對一個窮小子來說，好像有些過於遠大。但我認為目標必須偉大才行，因為要想有成就，必須有刺激，偉大的目標能使你發揮全部的力量，也才會有刺激。失去刺激，也就等於失去了一股推動你向前的強大力量。不要做小計畫，因為它不能激勵心靈，我經常這樣提醒自己。

當然，變偉大的機會並不像湍急的尼加拉瓜瀑布（Niagara Falls）那樣傾瀉而下，而是慢慢地一次一滴。偉大與接近偉大之間的差異就是領悟到，如果你期望偉大，你必須每天朝著目標努力。

但對於一個窮小子而言，如何才能將這個偉大的夢想變成可觸摸的現實？難道要靠努力為別人工作來實現嗎？這是個愚蠢的主意。

我相信為自己而勤奮就會致富，但不相信努力為別人工作就一定成功。在我住進百萬富翁大街前，我就發現在我身邊，很多窮人都是工作最努力的人。現實就是如此殘酷，不管雇員努力與否，替老闆工作而變得富有的人少之又少。替老闆工作所得的薪水，只能在合理預期的情況下讓雇員活下去，儘管雇員可能會賺到不少錢，但變得富有卻很難。

我一直視「努力工作定能致富」為謊言，從不把為別人工作當作積累可觀財富的上策，相反的，我非常篤信為自己工作才能富有。我採取的一切行動都忠於我的偉大夢想，和為實現這一夢想而不斷達成的各個目標。

在我離開學校、尋找工作的時候，我就為自己設定了一個目標：要到一流的公司去、成為一流的職員。因為一流的公司會給我一流的歷練，塑造我一流的能力，讓我長到一流的見識，還會讓我賺到一筆豐厚的薪水——那是開創我未來事業的資本，而這一切無疑是我通往成功之路的最堅實的基石。

當然，在大公司做事，能讓我以大公司的方式思考問題，這一點很重要。所以，我仰慕大公司，我要去的是高知名度企業。

這註定會讓我吃些苦頭。我先到了一家銀行，很不走運，被拒絕了；我又去了一家鐵路公司，結果仍是悻悻而歸。當時的天氣似乎也跟我作對，酷熱難耐。但我不顧一切，繼續不停地尋找。在那段日子，尋找工作成了我唯一的職業，每天早上八點，我盡我所能地把自己打扮一番，就離開住處開始新一輪的預約面試。一連幾個星期，我把列入名單的公司跑了一遍，結果仍一無所獲。

這看起來很糟，對吧？但沒人能阻止你前進的道路，阻礙你前進最大的敵人就是你自己，你也是唯一能讓自己永遠做下去的人。我告誡自己：如果你不想被別人偷走你的夢想，那就在被挫折擊倒後立即站起來。我沒有沮喪、氣餒，連續的挫折反而更堅定了我的決心。我又徑直從頭開始，一家一家地跑，有幾家公司甚至讓我跑了兩、三次。

上帝終未將我拋棄，這場不屈不撓的求職之旅終於在六個星期後的一個下午結束了，一八五五年九月二十六日，我被休伊特—塔特爾公司雇用。

這一天似乎決定了我未來的一切。直到今天，每當我問起自己，要是沒有得到那份工作會怎麼樣時，我常常會渾身顫抖。因為我知道那份工作為我帶來了什麼，失去它我又將如何。所以，我一生都把九月二十六日當作「重生日」，對這一天抱有的情感，遠勝過我的生日。

寫到這裡，我自己都被自己感動了。

人在功能上就像是一臺腳踏車，除非你向上、向前朝著目標移動，否則就會搖晃跌倒。三年後，我帶著超越常人的能力與自信，離開了休伊特—塔特爾公司，與克拉克合夥創辦克拉克—洛克菲勒公司，開始了為自己工作的歷史。

愚蠢地努力工作，很可能在百般辛苦之後仍一無所獲，但是，如果將替老闆努力工作視為鑄就有朝一日為自己效勞的階梯，那無疑就是創造財富的開始。自己當老闆的感覺真是棒極了，簡直無以言表。當然，我不能總是沉浸在年方十八歲就躋身貿易代理商行列的得意之中。我告誡自己：「你的前程就繫於一天天過去的日子，你的人生終點是全美首富，你距離那裡還很遠，要繼續為自己努力。」

做最富有的人，是我努力的依據和鞭策自己的力量。在過去幾十年，我一直是追求卓越的信徒，我最常激勵自己的一句話就是：對我來說，第二名和最後一名沒有什麼兩樣。如果你理解了，你就會認為，我以無可爭辯的王者身分統治石油工業也不足為奇。

每一個人都生活在希望之中，但我更常生活在目標的達成之中。我的人生目標就是要成為第一，這也是我設法制定並努力遵守的人生規劃，我所付出的所有努力和行動，都忠於我的人生目標、人生規則。

上帝賦予我們聰明的頭腦和堅強的肌肉，不是為了讓我們成為失敗者，而是讓我們成為偉大的赢家。二十年前的今天，聯邦法院拆散了我們那個歡樂的大家庭（按：一九一一年，美國最高法院裁定標準石油托拉斯為非法壟斷），但每當想起我創造的成就，我就興奮不已。

偉大的人生就是征服卓越的過程，我們必須向這個目標前進，不怕痛苦，態度堅決，準備在漫長的道路上跌跤。

愛你的父親

第三十八封

敢於冒險，我才能主宰石油業

風險越高，收益越大。想獲勝，必須了解冒險的價值，而且必須有自己創造運氣的遠見。

1936 年 11 月 2 日

親愛的約翰：

明天，也許等不到明天，就有一個人要過上富人生活了。報紙上說那個人叫大衛．莫里斯（David Morris），和羅伯特．莫里斯（Robert Morris）同姓。大衛是美國獨立戰爭時期的財政總監、費城商業王子（Prince of Commerce），而且他剛剛在賭場上好運連連，贏了一大筆錢。他在報上說自己是賭場高手，同時還有一句這位賭徒的人生格言：好奇才能發現機會，冒險才能利用機會。

你知道，我對嗜賭的人一向不以為然，但我卻不得不對這位男士刮目相看。我甚至相信，以他這近於哲學家般的智慧和頭腦，如能投身商界，他或許會成為一個職業上的成功者——一個優秀的賭徒。

我之所以做如此欣賞他的假設，並不是說優秀的賭徒就會成為優秀的商人。事實上，我厭惡那些把商場視為賭場的人，但我不拒絕冒險精神，因為我懂得一個法則：風險越高，收益越大。而馳騁商海，對每一個人來說，都是生活所提供最偉大的冒險。

我的人生軌跡就是一趟豐富的冒險旅程。如果要我選出哪一次冒險對我最具決定性、最關乎我的未來，那莫過於打入石油產業了。

在投資石油工業前，我們的本行——農產品代銷正做得有聲有色，再繼續下去，我完全有望成為大中間商。但這一切被那位安德魯斯先生改變了，他是照明方面的專家，他告訴我：「約翰，煤油燃燒時發出的光亮，比任何照明油都亮，它必將取代其他的照明油。想想吧，約翰，那將是多麼大的市場，如果我們的雙腳能踩進去，那將是怎樣的情景啊！」

擁有的東西越多，力量就越大。機會來了，放走它不僅會損失金錢，還會削弱你在致富競技場上的力量。我告訴安德魯斯：我做！我們投資四千塊錢，做起了煉油生意，對我們來說那可是一筆大錢。錢投下去，我就不去考慮失敗，儘管那個時候石油在造就許多百萬富翁的同時，也使更多人淪為窮光蛋。

我一頭栽進煉油業，苦心經營，不到一年，煉油為我們賺到超過農產品的利潤，成為公司第一大生意。在那一刻我意識到，是膽量和冒險精神，為我開通了一條新的生財管道。

當時沒有哪一個行業像石油業那樣能讓人一夜暴富，這樣的前景大大刺激了我賺大錢的欲望，更讓我看到了盼望已久、能夠大展宏圖的機會。我告誡自己：「你一定要緊緊抓住，這個機會可以把你帶到夢想之境。」

但我隨後大舉擴張石油業的經營戰略，令我的合夥人克拉克大為惱怒。克拉克是一個無知、自負、軟弱、缺乏膽略的人，他害怕失敗，主張採取審慎的經營策略，這與我的經營觀念完全背離。在我眼裡，金錢有如糞便，如果你把它散出去，其實有很多用途；但如果你把它藏起來，它就會臭不可聞。克拉克不是一個好商人，他不知道金錢的真正價值。

當我們對重要的事情漠然以對時，人生也就走到了窮途末路。克拉克已經成了我成功之路上的絆腳石，我必須踢開他——和他分手。這是一個重要時刻。

想獲勝，你必須了解冒險的價值，而且必須有自己創造運氣的遠見。對我來說，與克拉克分手無疑是一場冒險。在我決定豁出一切大舉進入石油業之前，我必須確信石油不會消失。在那個時候，很多人都認為石油是一朵盛開的曇花，難以持久。我當然希望油源不會枯竭，而一旦沒有了油源，那些投資將一文不值，我的下場可能連賭場上的賭徒都不如。但我收到的資訊讓我樂觀，油源不會消失。是該說分手的時候了。

在向克拉克攤牌前，我先在私下把安德魯斯拉了過來，我跟他說：「我們要走運了，有一筆大錢在等著我們，那可是一筆大錢。我要終止與克拉克兄弟的合作，如果我買下他們的股份，你願意和我一起做嗎？」安德魯斯沒有讓我失望。幾天後，我又拉到幾家支持我的銀行。

那年二月，在經過一系列準備之後，我向克拉克提出分手，儘管他很不情願，但我去意已決。最後，我們大家商定把公司拍賣給出價最高的買主。

直到今天，一想起那次拍賣現場的情景，就讓我激動不已，那感覺就像在賭場上賭錢一樣，讓人驚心動魄，全神貫注。那是一場豪賭，我押上去的是金錢，賭出來的卻是人生。公司從五百元開拍，但很快就攀升到幾千元，而後又慢慢爬到五萬元，這個價格已經超出了我對煉油廠的預估價值。但競拍價格一直在上漲，開始突破六萬，又一步一步漲到七萬。這時我開始恐懼，我擔心自己是否能買下這個公司——一個由我親手締造的企業，是否出得起那麼多錢。但我很快鎮靜下來，我閃電般地告誡自己：「不要畏懼，既然下了決心，就要勇往直前！」競爭對手報價七萬兩千元，我毫不遲疑，報價七萬兩千五百元。這時，克拉克站起來，大喊：「我不再加了，約翰，它歸你了！」

親愛的約翰，那是決定我一生的時刻，我感受到它超乎尋常的意義。

當然，我為了與克拉克分手付出了高昂的代價，我把代理公司的一半股份和七萬兩千五百元都給了克拉克，但我贏得的卻是自由和光輝的未來。我成了自己的主人、自己的雇主，從此不再擔心那些目光短淺的平庸之輩擋住我的去路。

在二十一歲時，我就擁有了克里夫蘭最大的煉油廠，已經躋身世界最大煉油商之列。今天想來，這個每天能吃掉五百桶原油的傢伙，正是我走向石油霸主之路、征服石油王國的利器。感謝那場競拍，它是我獲得人生成功的開始。

幾乎可以確定，安全第一不能讓我們致富，要想獲得報酬，總是要接受隨之而來的必要風險。人生又何嘗不是這樣呢？

沒有維持現狀這回事，不進則退，事情就是這麼簡單。我相信，謹慎並非完美的成功之道。不管我們做什麼，乃至我們的人生，我們都必須在冒險與謹慎之間做出選擇。而有些時候，靠冒險獲勝的機會要比謹慎大得多。

商人都是利潤與財富的追逐者，要靠創造資源和取得他人的資源，甚至逼迫他人讓出資源而使自己富有。所以，冒險是商人征戰商場不可或缺的手段。如果你想知道雖然冒險、卻不會招致失敗的技巧，只需要記住一句話：大膽籌畫，小心實施。

愛你的父親

特別企劃

這些信告訴我的事……

教養篇 · 成長篇 · 致富篇

教養篇

百年家書，實為現代教養祕笈？

親職教育推廣、諮詢師／陳其正（醜爸）

「叫你弟過來一起聽！」

人生自古誰無被罵，但「兄弟被罵」也要「共襄盛舉」，是我老爸引以為傲的「機會教育」：當一個孩子正要恭聽父親的訓誨時，另一個也當把握機會學習。況且老爸講起道理來，簡直如黃河氾濫一發不可收拾，動輒幾十分鐘。我跟老哥從立正站好歪成彎腰駝背，他老人家還意猶未盡。

因此當我看到《洛克菲勒寫給兒子的三十八封信》，不禁眉頭一皺，想起童年爸爸的機會教育。但還好沒因書名而斷言，讀完後發現洛克菲勒字裡行間，除了展現人生智慧與對孩子的關愛，有三點非常值得現代父母學習。

1.父無虛言，身體力行：

相較於小時候老爸諄諄教誨的大道理，洛克菲勒在三十八封信裡的內容，都有他自己的親身經歷背書，不是告訴兒子約翰「像歷史上有偉人……」或「大家都說……」，而是他自己身體力行後的智慧結晶，鏗鏘有力。

當現代父母要求孩子「妥善運用時間」、「放下手機出門運動」，多少會有點心虛吧？想到自己也常口沫橫飛期待孩子，而非像洛克菲勒身體力行，堅定傳達出：「孩子，這是我曾完成的事，如果願意，相信你也可以的！」

2.具體明確，正向鼓勵：

洛克菲勒非但不提齊家治國平天下等空泛之言，還很明確針對「事情」與約翰掏心掏肺，範圍含括投資選擇、商場談判、如何面對挫折等非常實用具體的建議。另外，他也非常不吝於給予鼓勵與讚美，精準指出約翰值得肯定之處。然而，他不會說「千錯萬錯都是『they』的錯，我的兒子永遠好棒棒」，洛克菲勒也會表達真實情感，例如在第十九封信，他直接說出自己的失望，表示反對兒子的決定。

現代教養同樣強調具體與正向鼓勵，幫助孩子理解自己的行為與選擇。當然，父母不同意時，也要說出具體的理由，而非出於擔心或焦慮而否定孩子。例如，我兒子兩歲時曾為了「幫爸爸忙」摔破杯子，我並沒有掩飾自己的難過，也叮嚀他要小心一點；但他聽到爸爸有需求，主動想幫忙的用心，仍非常值得肯定。

3. 就事論事，非關性格：

最後也最讓我訝異的，是出生、長大於十九世紀的洛克菲勒，秉持就事論事的精神，幾乎沒有批評約翰的為人或性格。即使現在身邊的父母包括我自己，有時仍忍不住碎念孩子散漫貪玩等「個性」，但大前輩向我們展示：**批評孩子的個性無法解決問題，針對問題提出你的想法與建議，讓孩子用自己的方式完成，更為有效。**

沒想到百年前直球對決的老爸風格，與強調心理學與腦神經科學的當代教養仍能無縫接軌。身體力行，正向鼓勵，就事論事的洛克菲勒式教養，對親子關係與溝通肯定大有助益！

成長篇

別人錯失的機會，我都會緊緊抓住

暢銷書《自己的力學》作者、成大教授／洪瀞

許多人聽過洛克菲勒的名字，但對他為家族後代整理的人生智慧與哲理了解不多。請不要僅僅停留在對他及其智慧的表面認識，而是藉此機會深入理解，並從中發掘自我成長的觀念。

洛克菲勒一生致力於改善社會，幫助人們擺脫貧窮與疾病，並讓自己和他人過上更充實的生活。他強調實踐的重要性，並特別提醒我們珍惜每個機會——**無論你成功與否，這個機會對別人而言都是錯失的**。關鍵在於，你要把每個機會轉化為經驗，以便更接近成功。這些深刻的觀念正是他希望傳承給後人的。我相信這本書越早閱讀越好，因為其中的智慧不只會對你的人生產生正面且深遠的影響。

從另一個角度來看，洛克菲勒從一八三九年一路活到一九三七年，這可不僅是長壽，我想這更是對他那與眾不同的人生智慧的證明。堅持每天充實自己，也許才是健康與長壽的祕訣。這次再讀這本書，我回想起第一次到紐約的經歷。

當時，我和父親站在洛克菲勒中心這個著名的電影場景，看著人們在建築裡的溜冰場溜冰，感受著這裡與家鄉的不同。那一刻，我體會到洛克菲勒的影響力，是如何融入到城市的每個角落，並塑造了它獨特的文化和景觀。後來，我認識了一位長輩，他在洛克菲勒大學工作，這是一所位於聯合國附近、在曼哈頓東側，美國最古老生物醫學研究機構。這些認識與關聯，都讓我更加深刻地理解了洛克菲勒對人類的貢獻不僅僅在金錢上，而是深遠地影響了人類的智慧與發展。

與之相對的，另一位同期的富翁——鋼鐵大王卡內基，雖然同樣富有智慧，並創辦了大學（卡內基美隆大學〔Carnegie Mellon University〕），但沒有留下像這樣的家書，確實有些可惜。洛克菲勒致力於回饋社會，與一般有錢人的低調形象不同，他說「我們要做世上的鹽」，積極地服務大眾，這才是讓自己成為大人物的方式。最讓我遺憾的是，那時我經驗和理解能力不足，未能真正記住並付諸實踐這些重要觀念；不過，即使是現在，我依然能利用這些智慧，緊緊抓住來到我面前的每一個機會。請儘早利用時間，思考哪些對你的成長最為關鍵。

最後，我認為這本書的特點之一，在於它以家書的形式呈現，就像父母對孩子的故事分享，讀起來既親切又有趣。洛克菲勒既希望孩子們能超越他的成就，也希望避免讓孩子感到壓力。

作為兩個孩子的父親，我從中學到了如何成為孩子們的良師益友；作為大學教師，我也學到了如何更好地與學生相處。錯過這本書，你可能會錯過一些可以避免的傷害，還可能浪費不必要的時間，是一種雙重損失。請記住，只有通過親身經歷和深入反思，才能真正洞察並發掘能幫助自己、且真正屬於你的成長智慧。

致富篇

沒有富爸爸提點，我靠閱讀提升認知

「鴕鳥胃投資隨筆」版主／鴕鳥胃

現今貧富差距日趨擴大，世襲階級之所以難翻越，是因為思維容易固化。洛克菲勒為全世界首位億萬富豪，而他寫給兒子的信，是希望將成功思維傳承給後代，如今已傳承超過六代，打破「富不過三代」的富人詛咒。

出生起點可能影響結果，但不會「決定」結果。缺乏行動的人都有些壞習慣，像是偏好維持現狀、拒絕改變，而**成功是一種習慣，失敗也是一種習慣**。因此富者恆富、窮者恆窮，能成功階級翻身的人寥寥無幾。

全球市值前百大企業美國就超過半數，而臺灣僅台積電一家，反映了臺美企業文化上的差異，華人多數傳子不傳賢，而西方人則相反。美國企業之所以能長存，除了美元掌握全球貨幣主導權，經營思維更是不可或缺的因素，如今每人手上拿著 iPhone 滑著臉書（Facebook）及 Instagram 動態、使用 Google 地圖導航去好市多（Costco）採買、喝著可口可樂（Coca-Cola）追網飛（Netflix）最新影集，美國企業能拓展全球，說明思維小則影響個人，大則影響公司決策，進而影響全世界。

財富取決於認知多寡，透過本書穿越時空，和人類史上首位億萬富豪進行思想交流，書中每封信都是人生智慧，在你人生遭遇到困難及挑戰時，善加運用這些智慧，或許問題就能迎刃而解，成功相繼而來。大家都聽過，你的財富及地位，等同身邊最常相處五位朋友的平均。洛克菲勒在其中一封信中也談論交友圈的重要，有兩種朋友不交，第一種是安於現狀的人，第二種是不能將挑戰執行到底的人。

以前在職場常遇到整天只會抱怨的人，這些人往往不怎麼有能力，整天抱怨並不能解決問題，現況也不會因此有所好轉。有能力的人會積極解決難題、設法改變現狀，而不會成天抱怨。避開那些安於現狀、未嘗試就先認定自己辦不到、一遇到困難就放棄的平庸之人，多接近積極成功的人，少跟消極的人來往；你的思維，容易受最常相處的朋友影響。

人無法賺取超出自身認知以外的財富，若想增加財富，唯有提高認知。透過閱讀能提升認知、增加定見，不被周遭雜訊所動搖。透過書，能向偉人學習觀念，思想影響決定，決定影響行動，行動則影響最終結果。財富是成功的副產品，既然能掌握成功祕訣，財富也就伴隨而來。出生的起點僅提供你容易成功的資源，但並不代表你必定成功。後天的個人成長、思維提升才是關鍵因素。

出身在公務員家庭的我，從小就被灌輸「買股票注定賠錢」的觀念，家裡要我腳踏實地工作，將積蓄存在銀行，最好能再考個軍公教，這樣人生就萬無一失了。後來，我也遵循家訓，畢業後順利考進鐵飯碗，領著固定薪資；但是，在工作三年後，我發現，即使工作到老，頂多只能領月退俸、外加還完三十年房貸，難不成一輩子辛苦工作，就只是為了餓不死、有房子住？這顯然不是我想要的人生。

於是，我決定另闢人生道路，利用班餘及休假時間廣泛閱讀投資書籍，透過自學股票投資，在三十歲時成功靠投資達成提早退休的目標。現在回想，若當時沒有轉換思維，我或許還需要工作數十個年頭才能退休吧？

扭轉人生的關鍵轉捩點，僅在當時的一念之差。想致富，先從改變既定思維開始，人生的船舵會在那一刻起，轉向成功的方向航行。如果你也像我一樣白手起家，沒有富爸爸能在每個人生階段提點你，那可以藉由本書來提升思維，細細品味每封信的內容。若能消化每封信中的智慧並實踐，那麼恭喜你，你正走在一條通往成功的道路上，財富自然離你不遠。

國家圖書館出版品預行編目（CIP）資料

洛克菲勒寫給兒子的 38 封信：世上第一位億萬富翁，與他富過七代的財富奧祕。/ 洛克菲勒（John D. Rockefeller）著；知書譯 . -- 初版 . -- 新北市：方舟文化，遠足文化事業股份有限公司 , 2024.09
288 面；14.8×21 公分 . -- (致富方舟；15)
譯 自：The 38 Letters from J.D. Rockefeller to his son: Perspectives, Ideology, and Wisdom
ISBN 978-626-7442-69-2（平裝）

1.CST：成功法　2.CST：人生哲學

177.2　　113010269

方舟文化官方網站　方舟文化讀者回函

致富方舟 0015

洛克菲勒寫給兒子的 38 封信

世上第一位億萬富翁，與他富過七代的財富奧祕。

作者　洛克菲勒（John D. Rockefeller）｜**譯者**　知書｜**封面設計**　卷里工作室 @gery.rabbit.studio｜**內頁設計**　陳相蓉｜**副主編**　李芊芊｜**校對編輯**　張祐唐｜**特約行銷**　陳燕柔｜**行銷經理**　許文薰｜**總編輯**　林淑雯｜**出版者**　方舟文化／遠足文化事業股份有限公司｜**發行**　遠足文化事業股份有限公司（讀書共和國出版集團）　231 新北市新店區民權路 108-2 號 9 樓　電話：（02）2218-1417　傳真：（02）8667-1851　劃撥帳號：19504465　戶名：遠足文化事業股份有限公司　客服專線：0800-221-029　E-MAIL：service@bookrep.com.tw｜**網站**　www.bookrep.com.tw｜**印製**　呈靖彩藝有限公司｜**法律顧問**　華洋法律事務所　蘇文生律師｜**定價**　350 元｜初版一刷　2024 年 09 月｜初版四刷　2025 年 1 月

本書中譯本由湖南知書達禮文化傳播有限公司通過四川文智立心傳媒有限公司代理獨家授權。

有著作權．侵害必究。特別聲明：有關本書中的言論內容，不代表本公司／出版集團之立場與意見，文責由作者自行承擔。缺頁或裝訂錯誤，請寄回本社更換。歡迎團體訂購，另有優惠，請洽業務部（02）2218-1417#1124